中国科协创新战略研究院智库成果系列丛书·专著系列

创新驱动发展的政策试验

——上海市全面创新改革试验的路径透视

董 阳 著

中国科学技术出版社
·北 京·

图书在版编目（CIP）数据

创新驱动发展的政策试验：上海市全面创新改革试验的路径透视 /
董阳著 . —— 北京：中国科学技术出版社，2023.3
（中国科协创新战略研究院智库成果系列丛书 . 专著系列）
ISBN 978-7-5046-9354-9

Ⅰ. ①创… Ⅱ. ①董… Ⅲ. ①技术革新 – 研究 – 上海 Ⅳ. ① F124.3

中国版本图书馆 CIP 数据核字（2021）第 249219 号

策划编辑	王晓义
责任编辑	杨 洋
装帧设计	中文天地
责任校对	焦 宁
责任印制	徐 飞

出 版	中国科学技术出版社
发 行	中国科学技术出版社有限公司发行部
地 址	北京市海淀区中关村南大街 16 号
邮 编	100081
发行电话	010–62173865
传 真	010–62173081
网 址	http：//www.cspbooks.com.cn

开 本	710mm×1000mm 1/16
字 数	190 千字
印 张	11.25
版 次	2023 年 3 月第 1 版
印 次	2023 年 3 月第 1 次印刷
印 刷	北京中科印刷有限公司
书 号	ISBN 978-7-5046-9354-9 / F · 1086
定 价	99.00 元

总　　序

2013 年 4 月，习近平总书记首次提出建设"中国特色新型智库"的指示。2015 年 1 月，中共中央办公厅、国务院办公厅印发了《关于加强中国特色新型智库建设的意见》，成为中国智库的第一份发展纲领。党的十九大报告更加明确指出要"加强中国特色新型智库建设"，进一步为新时代我国决策咨询工作指明了方向和目标。当今世界正面临百年未有之大变局，我国正处于并将长期处于复杂、激烈和深度的国际竞争环境之中，这都对建设国家高端智库并提供高质量咨询报告，支撑党和国家科学决策提出了新的更高的要求。

建设高水平科技创新智库，强化对全社会提供公共战略信息产品的能力，为党和国家科学决策提供支撑，是推进国家创新治理体系和治理能力现代化的迫切需要，也是科协组织服务国家发展的重要战略任务。中共中央办公厅、国务院办公厅印发的《关于加强中国特色新型智库建设的意见》，要求中国科学技术协会（简称"中国科协"）在国家科技战略、规划、布局、政策等方面发挥支撑作用，努力成为创新引领、国家倚重、社会信任、国际知名的高端科技智库，明确了科协组织在中国特色新型智库建设中的战略定位和发展目标，为中国科协建设高水平科技创新智库指明了发展目标和任务。

科协智库相较其他智库具有自身的特点和优势。其一，科协智库能够充分依托系统的组织优势。科协组织涵盖了全国学会、地方科学技术协会、学会及基层组织，网络体系纵横交错、覆盖面广，这是科协智库建设所特有的组织优势，有利于开展全国性的、跨领域的调查、咨询、评估工作。其二，科协智库拥有广泛的专业人才优势。中国科协业务上管理210多个全国学会，涉及理科、工科、农科、医科和交叉学科的专业性学会、协会和研究会，覆盖绝大部分自然科学、工程技术领域和部分综合交叉学科及相应领域的人才，在开展相关研究时可以快速精准地调动相关专业人才参与，有效支撑决策。其三，科协智库具有独立第三方的独特优势。作为中国科技工作者的群团组织，科协不是政府行政部门，也不受政府部门的行政制约，能够充分发挥自身联系广泛、地位超脱的特点，可以动员组织全国各行业各领域广大科技工作者，紧紧围绕党和政府中心工作，深入调查研究，不受干扰地独立开展客观评估和建言献策。

中国科协创新战略研究院是中国科协专门从事综合性政策分析、调查统计及科技咨询的研究机构，是中国科协智库建设的核心载体，始终把重大战略问题、改革发展稳定中的热点问题、关系科技工作者切身利益的问题等党和国家所关注的重大问题作为选题的主要方向，重点聚焦科技人才、科技创新、科学文化等领域开展相关研究，切实推出了一系列特色鲜明、国内一流的智库成果，完成《国家中长期科学和技术发展规划纲要（2006—2020年）》评估，开展"双创"和"全创改"政策研究，服务中国科协"科创中国"行动，有力支撑科技强国建设；实施老科学家学术成长资料采集工程，深刻剖析科学文化，研判我国学术环境发展状况，有效引导科技界形成良好生态；调查反映科技工作者状况诉求，摸清我国科技人才分布结构，探索科技人才成长规律，为促进人才发展政策的制定提供依据。

为了提升中国科协创新战略研究院智库研究的决策影响力、学术影响力、社会影响力，经学术委员会推荐，我们每年遴选一部分优秀成果出版，以期对党和国家决策及社会舆论、学术研究产生积极影响。

呈现在读者面前的这套《中国科协创新战略研究院智库成果系列丛

书》，是中国科协创新战略研究院近年来充分发挥人才智力和科研网络优势所形成的有影响力的系列研究成果，也是中国科协高水平科技创新智库建设所推出的重要品牌之一，既包括对决策咨询的理论性构建、对典型案例的实证性分析，也包括对决策咨询的方法性探索；既包括对国际大势的研判、对国家政策布局的分析，也包括对科协系统自身的思考，涵盖创新创业、科技人才、科技社团、科学文化、调查统计等多个维度，充分体现了中国科协创新战略研究院在支撑党和政府科学决策过程中的努力和成绩。

衷心希望本系列丛书能够对科协组织更好地发挥党和政府与广大科技工作者的桥梁纽带作用，真正实现为科技工作者服务、为创新驱动发展服务、为提高全民科学素质服务、为党和政府科学决策服务，有所启示。

绪　言

一、全面创新改革试验的内涵与意义

（一）政策内涵

2015年9月，中共中央办公厅、国务院办公厅印发《关于在部分区域系统推进全面创新改革试验的总体方案》，明确在京津冀、上海市、广东省（珠三角）、安徽省（合芜蚌）、四川省（成德绵）、湖北省武汉市、陕西省西安市、辽宁省沈阳市8个区域系统推进为期3年的全面创新改革试验。这是党中央、国务院站在新的历史起点上，直面当前掣肘创新驱动发展战略实施的制度"痛点""难点"做出的重大战略部署，凸显了新时代的中国创新战略是以科技创新为核心的全面创新，顺应了创新要素在地理空间上集聚的客观规律，有力支撑了区域科技创新和经济社会高质量发展，代表了未来中长期中国创新领域深化改革的方向和重点。

总体方案诠释全面创新改革试验工作，主要包括处理好政府与市场的关系、促进科技与经济融合、激发创新者的动力和活力、深化开放创新四大方面的改革任务部署。具体内容包括：市场公平竞争、知识产权制度、创新评价体系、科技成果转化、企业为主体且政产学研用结合的技术创新体系建设、科技金融体制、人才培养引进和流动、开放创新机制等方面。具体而言，可以细分为以下层次。

一是政府与市场关系处理情况。具体改革试验工作包括：推进要素价格倒逼创新，实施严格的知识产权保护制度，营造公平竞争的市场环境，减少政府对市场的行政干预，建立和完善政府创新管理机制和政策支持体系，建立科技创新、知识产权和产业发展相结合的创新驱动发展评价指标，强化创新政策与其他政策统筹协调，促进军民融合发展，形成创新治理体系。

二是科技与经济融合情况。具体改革试验工作包括：科研院所改革，社会化新型研发和服务机构发展，创新型人才培育机制改革，科技成果资本化、产业化，企业为主体、政产学研用结合的技术创新体系建设，知识产权运用，技术、资金、人才等创新要素向企业集聚。

三是创新主体动力和活力激发情况。具体改革试验工作包括：新增市场主体，创新型人才队伍建设，人才流动、激励机制改革，科研院校、企业之间人才流动，知识产权归属和利益分享机制完善。

四是开放创新深化情况。具体改革试验工作包括：外商投资和对外投资管理体制改革，科技计划对外开放，外资企业引进创新成果在中国产业化，国内技术和品牌"走出去"，国际科技交流合作。

经过为期3年的全面创新改革试验，8个试点区域的工作亮点纷呈，成绩喜人。试点地区在知识产权保护、科技成果转化、科技金融结合、军民融合等方面积累了丰硕的改革成果，极大提升了区域创新能力，有力支撑区域创新体系良性运行。国务院办公厅先后于2017年9月、2018年12月和2020年2月发布通知推广试验区探索的56条改革创新举措，形成了一批可推广的改革经验。

2016年11月，中国科协对全面创新改革试验区域改革举措的落实情况启动评估，其中上海市有全球影响力的科技创新中心建设方案落实情况的评估成为总体评估工作的重中之重。中国科协党组、书记处牵头，相关部门协同，集成科协系统组织体系优势，动员两院院士、专家学者和专业评估机构参与，开展了为期3年的全面创新改革试验评估工作。

（二）理论意义

全面创新改革试验，旨在以政策试验为抓手，"把创新摆在国家发展全局的核心位置，不断推进理论创新、制度创新、科技创新、文化创新等各方面创新，让创新贯穿党和国家一切工作，让创新在全社会蔚然成风"。

1. 全面创新

理论创新是创新发展的根本点。实践基础上的理论创新是社会发展和变革的先导，是推动制度创新、科技创新、文化创新等各方面创新的核心和灵魂。每次重大的理论创新，都推动经济社会发展实现新的历史跨越。其中，解放思想是理论创新的本质要求，要把解放思想作为总开关，切实解决好理论武装问题，以思想的大解放推动发展的大变革，不断凝聚改革创新的价值共识，回应改革创新的实践呼唤。让理论创新成果变为创新发展的根本动力，以创新思维破解改革、发展、稳定的时代难题，形成综合集成的方法论创新，进而增强中国特色社会主义事业发展的凝聚力、整合力、支撑力与规范力，开拓中国特色社会主义事业发展的新视野、新路径、新模式和新境界。

制度创新是创新发展的立足点。制度带有全局性、稳定性和长期性，是决定一个国家竞争力的根本。完善的制度是创新驱动发展的根本保障。全面深化改革的根本任务就是进行系统的制度创新。置身于全面深化改革的大潮中，创新发展实质上构成了全面深化改革的本质属性、内在品格和根本特征。因此，发挥创新发展的价值指引与捍卫作用，就是要坚定制度自信、推进制度创新，以实现全面深化改革的总目标。全面深化改革，必须以制度创新为核心，把握好重点与全面、破与立的关系，注重统筹兼顾、有序衔接。推进制度创新，要深刻认识我国社会主义初级阶段这个最大实际，全面认识制度建设是牵涉各方面的系统工程，把握好不同时期、不同环境与条件下制度创新的重点，坚持以经济建设为中心，以经济体制改革为牵引，带动全面深化改革。

科技创新是创新发展的着力点。打造经济增长新引擎，科技进步是最有效的动力源。科技是经济社会发展中最活跃、最具革命性的因素，是推动社会发展进步的决定性力量。创新驱动发展，核心目标是以科技创新促进经济增长。摆脱传统的以要素投入为主的粗放型增长模式，根本出路在于创新，关键是广泛应用各种先进技术培育新动力，提升全要素生产率，使发展动力从主要依靠要素投入向主要依靠创新转变，从中国制造向中国创造转变、从中国速度向中国质量转变、从中国产品向中国品牌转变，实现发展动力的转换。要把握世界科技发展趋势，构建全方位、多维度、系统性的创新体系，规划科技创新发展路径，紧紧抓住科技创新这个"牛鼻子"，真正用好科技这个有力杠杆，充分发挥科技创新的核心引领作用，加快各领域创新，推动新技术、新产业、新业态蓬勃发展，培育新的经济增长点。

文化创新是创新发展的支撑点。文化创新是一个民族永葆生命力和凝聚力的重要基础，是各类创新不竭的精神动力。创新是文化的生命，习近平总书记指出："要处理好继承和创造性发展的关系，重点做好创造性转化和创新性发展。"① 所谓创造性转化，就是要按照时代特点和要求，对那些至今仍有借鉴价值的内涵和陈旧的表现形式加以改造，赋予其新的时代内涵和现代表达形式，激活其生命力。所谓创新性发展，就是要按照时代的新进步新进展，对中国优秀传统文化的内涵加以补充、拓展、完善，增强其影响力和感召力。落实创新发展理念，实施创新驱动发展战略，必须通过全民参与推动文化创新，形成崇尚创新的社会文化氛围。推动文化创新，需要扎根民族文化传统、借鉴世界优秀文化，汲取时代

①　2014 年 2 月 24 日，习近平在主持十八届中央政治局第十三次集体学习时指出，弘扬中华优秀传统文化，"要处理好继承和创造性发展的关系，重点做好创造性转化和创新性发展"（《习近平谈治国理政》，外文出版社 2014 年版，第 164 页）。明确指出了新形势下我们党对待传统文化的基本态度和"两创"的基本方针。

精华、吸收群众智慧。并且，通过文化创新，可以把人民群众的创新积极性充分激发出来、调动起来，使创新成为全社会的一种价值导向、思维方式、生活习惯，让创新之火尽快形成燎原之势。

2. 创新引领

创新与协调、绿色、开放、共享，并称为五大发展理念，是管全局、管根本、管长远的导向，具有战略性、纲领性、引领性。新发展理念，指明了"十三五"乃至更长时期我国的发展思路、发展方向和发展着力点。

创新处于五大发展理念之首，创新是引领发展的第一动力。只有把发展基点放在创新上，形成促进创新的体制架构，才能塑造更多依靠创新驱动、更多发挥先发优势的引领型发展。习近平总书记指出，抓住了创新，就抓住了牵动经济社会发展全局的"牛鼻子"。以创新发展引领协调发展、绿色发展、开放发展、共享发展，这是新形势、新任务的必然要求，也是上海市快速发展、持续发展的必然选择。

以创新发展引领协调发展。协调，是持续健康发展的内在要求，注重的是解决发展不平衡问题。创新发展，能够有效引领协调发展。创新的重要特征之一是具有外溢性，通过创新要素的集聚、创新活动的增强、创新主体的壮大、科技成果的转化和产业化，辐射带动周边区域发展，实现区域良性互动、合作共赢，进而促进整个经济社会发展。上海市开展全面创新改革试验，一方面，能够支撑上海成为具有全球影响力的科技创新中心；另一方面，能够辐射带动长三角乃至长江经济带整个区域的发展，特别是在缩小地区发展落差、促进经济转型升级方面有着重大意义。

以创新发展引领绿色发展。绿色，是永续发展的必要条件和人民对美好生活追求的重要体现，注重的是解决人与自然和谐问题。创新发展，能够有效引领绿色发展。创新的意义就在于，推动经济增长的动力从依靠要素驱动、投资驱动向创新驱动阶段转型升级。上海市的创新发展，应当将创新作为战略基点，加快培育和发展战略性新兴产业，加快推进传统产业优化升级，支撑引领绿色发展。

以创新发展引领开放发展。开放，是国家繁荣发展的必由之路，注重的是解决发展内外联动问题。创新发展能够有效引领开放发展。创新发展需要以更加开放的胸怀，全面提升对外双向开放水平，构建国际合作体制机制新高地，积极吸纳和聚集全球创新要素资源，发展高端高新产业。上海市的开放发展，应当在吸引国际创新人才、开展金融开放创新先行先试、探索外资准入和利用的新方式等多个方面开展制度创新，扎实推动，建设成为一流的开放发展先行区。

以创新发展引领共享发展。共享，是中国特色社会主义的本质要求，注重的是解决社会公平正义问题。创新发展，能够有效引领共享发展。上海市的创新发展，应当牢牢把握新一轮科技和产业革命所创造的历史性机遇，拓展新业态，使更多人得以参与其中，实现人人参与、人人尽力、人人享有，实行以增加知识价值为导向的分配政策，广泛地提升人民群众的获得感，并通过共享发展调动人民群众支持和参与创新发展的积极性，挖掘人民群众中蕴藏的无穷无尽的创新能量。

创新发展引领区关键在于"引领"。所谓"引领"，应当从"试验"和"示范"两个角度破题，这二者是"引领"的两大核心功能，也是"引领"的题中应有之义。上海市应当积极试验和示范创新发展理念，发挥"探路者"和"领路人"的作用。

一是试验功能：上海市全面创新改革试验，即是以高起点高定位的方式，为创新发展理念"投石问路"，扮演"探路者"的角色。创新发展具有突出的开创性和探索性，上海市全面创新改革试验得以把创新发展目标的紧迫性与创新发展过程的渐进性很好地结合起来，能够以"点"上的突破有效地践行和检验创新发展理念，从而为"面"上的整体进展探索出一般规律和制度空间。

二是示范功能：上海市全面创新改革试验，要为其他区域发展"前驱引路"、提供示范,发挥"领路人"的作用。上海市全面创新改革试验,打造贯彻落实新发展理念的科技创新中心,具有重大现实意义和深远历史意义。规划建设具有全球影响力的科技创新中心,旨在探索创新发展的路径与模式,在推进新型城镇化、创新型城市建设,以及其他区域如何实现创新驱动发展、如何聚集创新资源等方面,能够积累经验、提供示范。

二、国内外研究综述

(一) 创新政策评估

创新政策评估属于公共政策评估范畴,是管理科学和科技政策的新兴研究领域,涉及经济学、社会学、政治学、科学学、政策科学等多学科理论。目前大多数研究从经济学视角研究创新政策评估问题,也有部分宏观管理与政策学者从公共政策评估一般性理论视角出发,基于政策过程理论构建了公共政策评估理论方法框架。根据学术界比较规范的界定,创新政策评估是指依据一定的标准和程序,运用科学的方法,对创新改革政策的实施过程、政策结果的效益、效率、效果及价值进行综合判断与评价的政治行为,目的在于掌握相关信息,为创新改革政策的延续、修正、中止和制定新政策提供依据。

从主要发达国家的实践看,对公共政策的评估更多是针对有立法保障的公共政策进行事后评估,大多数国内研究也都强调对创新政策"效果"的事后评估。实际上,创新政策评估应涵盖政策制定、执行、反馈的全过程,采用社会调查、定量分析、成本与效益计算等多种方式,对政府干预的价值、产出及结果进行回顾和评价,形成"评估—反馈—完善"的政策循环,有助于提高创新政策。

国际上创新政策评估的主体、评估标的、评估方法、评估机制等与国内创新改革类政策评估的情况相对比，差异主要表现在四个方面：一是对评估实施主体的资质条件要求更加严格，尤其要和评估对象有关部门没有利益关联。二是评估对象更多是经过立法保障，或者至少是已经实施一个稳定周期之后的公共政策，同时，更加注重对政策实施效果的评估，而不是对政策实施过程的评估。三是评估方法更多注重采用社会调查、定量分析、成本效益计算等方式。四是部分国家通过立法确保政策评估如期进行。例如，美国、日本和韩国均对政府绩效管理进行了专门立法，澳大利亚由多部法律共同组成了政府绩效管理法律体系，以此确保通过立法的公共政策评估，能够定期进行。

（二）创新政策试验

政策试验（policy experimentation）是我国渐进性转型路径和"摸着石头过河"指导思想的一种具体实现形式，是中国共产党在对治国理政经验教训进行不断总结和升华的过程中逐步形成的。它是一个目标明确、协调一致的行动，目的是为正式制定政策提供多项选择，然后将选中的政策普及全国，甚至写入国家法律。

改革开放以来，"政策试验"被大规模地运用于我国的现代化建设进程中，并成为我国经济体制改革和重大经济决策的"基本原则"之一。中央鼓励地方政府根据自身条件进行试点、示范区、综合改革试验区等各种形式的政策试验，因地制宜研究制定符合本地实际的经济体制改革路径和政策措施，在此基础上总结推广经验，凝聚各方共识，实现重点突破。1978年以来，在以经济体制改革为主要内容的一系列关键性政策的调整过程中，进行"政策试验"基本已成为必经阶段，几乎达到了"每改必试"。总体来看，政策试验在中国改革进程中发挥了至关重要的作用。

由于政策试验在中国改革进程中发挥着重要作用，因此几十年来国内外关于中国改革试点试验的学术研究积淀深厚。农村改革试点、扩大企业自主权、实施企业经营责任制等企业管理改革试点、经济特区试验、国资国企改革试验等领域的改革试验引发了学术界广泛关注。

国际上专门针对地方政府政策创新的研究肇始于 20 世纪 60 年代末。地方政府的政策创新被定义为"一个地方政府首次采纳的政策或项目，无论这个政策或项目已出现多久，也无论其他政府是否已经采纳它"。西方研究者对于地方政府的政策创新机制主要有两种解释。一是内因决定模型，它假设引起一个政府的政策创新的原因存在于这个政府辖区内的客观条件之中，这些条件包括政治、经济、文化、社会特征和政府自身情况；二是外因推动模型，即一个区域政府的政策创新源于学习、竞争性模仿以及不同区域政府官员之间的信息沟通网络等。随着实证资料的不断增多和研究方法的不断改进，研究者不断发现政府辖区的内部条件和外部条件都会影响政府对创新的采纳。

中国的改革开放所取得的巨大成果与中央及地方各级政府的政策创新密切相关。已经有越来越多研究者，包括诺贝尔经济学奖获得者科斯、诺思、斯蒂格利茨，关注中国地方政府的政策创新与扩散问题。从实践来看，中国地方政府的政策创新多以地方试点、示范区、综合改革试验区等自上而下的政策试验形式出现，也有大量地方政府为解决现实问题而自发探索的政策创新实践并通过自下而上的方式向全国扩散。政策创新不仅仅是地方政府根据自身条件探索的方式，也是中央执政者适应复杂环境变化的一种学习方式。简言之，中国的政策创新是中央及地方政府应对现实问题、探索有效政策工具的一种独具特色的决策模式。

目　录
CONTENTS

第一章

上海市与国际典型创新区域的比较分析

第一节　硅谷经验

在美国，科技进步和地理分散共同推动了被称为科学园或研究园的"创新飞地"的形成。这种模式源自硅谷。从 20 世纪 50 年代初开始，为了加速研究成果的商业化，并吸引来自产业界和学术界的企业家型的科学家，大学、私人开发商和政府合作设计并建立了这些实验室和公司集群。

硅谷不是一个行政区划，界限也在不断地变化。根据《2017 硅谷指数》（*2017 SILICON VALLEY INDEX*）统计，硅谷由加利福尼亚州的圣塔克拉拉县、圣玛特奥县、阿拉米达县和圣克鲁兹县相邻的部分地区组成，总人口约 300 万，从业人员超过 154 万。硅谷是全美国人均高年薪的地区之一，2016 年平均年薪达到 12.2 万美元。成人受教育水平也远超美国平均水平。这里 71% 以上的就业人员拥有大专以上学历，19% 以上拥有硕士以上学位。

一、以企业为主导，生成创新协作网络

硅谷的属性定位是一个高技术产业园区，其中最活跃的主体是企业，大学、研究机构、风险投资机构乃至政府等机构都直接或间接地服务于高科技企业。

1. 发挥产业的自身演化能力

美国硅谷的成功，很大程度上得益于斯坦福大学及其产业园的建立，形成了大学与企业紧密结合的产学研体系与产业链条。大学研发的技术与企业紧密结合，快速转化为产品或产业化，并推动新一代产品的研发。正因为企业是最活跃的主体，硅谷才会在不同时期呈现出不同的产业特性，从 20 世纪 50~60 年代的半导体、大型计算机和仪器仪表等的生产和制造，到软件企业独领风骚的微电子企业时代，再到当前的网络时代。与此同时，生物技术等新兴企业正成为一支不可忽视的力量，改变硅谷产业的单线发展轨迹（表 1.1）。

表 1.1　硅谷的演化阶段和特征

硅谷产业	第一阶段（20 世纪50 年代初）	第二阶段（20 世纪 50 年代末—20 世纪70 年代中期）	第三阶段（20 世纪 70 年代中期—20 世纪90 年代初期）	第四阶段（20 世纪 90 年代初期至今）
产业基础	科教为主，工业加工业为辅	富有创新力的微电子企业	半导体制造、个人计算机研发	计算机工业与互联网研发
研发中心	西屋、瑞森、IBM 的部分研究中心	诸多老牌公司设立研发中心	大牌公司和诸多中小型公司的从事研发	众多大、中、小型研发公司集群
政策支持	斯坦福大学制度创新和地方政府留住大学生的政策	国防部支持	风险投资支持	风险投资、创新环境、社会资本网络出现
产业发展	初步具备高新技术产业基础	航天工业和电子工业中心，半导体工业发达，"硅谷"出现	计算机工业及其研发	信息科技、网络、基因工程与医学、超级计算机

《硅谷百年史》指出，硅谷的独到之处就在于吸引全球研发资源在此产业化，通过创新技术发明转变为最好的产品，迅速向世界推广，为世界所用，即"世界发明—硅谷开发—全球应用"。硅谷的这种能力得益于高端链接和技术

转化。通过高端链接，硅谷与美国的波士顿、英国的伦敦、法国的巴黎等欧洲研发高地建立了联系，形成独特的嗅觉，能迅速发现并理解一项发明给社会带来的颠覆性变化。通过技术、资本和人才链接，为硅谷带来前沿的、互补的优势技术和良好的创新效率、雄厚的创新活动资本及广大的资本增值市场，以及具备研发、管理及创业的人才和团队。通过技术转化，这些技术得以"持续演化""迅速传播"，在硅谷良好的生态系统中，又发明孕育出颠覆性创新产品、高技术大企业、改变世界的原创新兴产业。

2. 以中小企业为主体的开放式生产结构

128 号公路周围的公司（如王安公司、Digital、Prime Computer 等）大而全，自成体系，配件相互不通用，固化成为一种封闭的生产方式。不同于 128 号公路周围的大企业主导创新模式，在硅谷，公司不是大而全的，而呈现出专业化特征。硅谷的企业，大多为私营企业，尤其是中小企业，管理方式灵活，相互之间既是竞争对手，又是合作伙伴，彼此共生，形成一套具有生命力的生态系统。目前，硅谷拥有企业约 3 万家，其中有 1 万家公司总部，5 人以下的小公司超过了 70%。硅谷的公司大都没有实行纵向联合，而是有需要就从供应商网络中购买，创造了一种组合与重新组合非常灵活的公司网络。不同公司生产的部件相互兼容。这种开放式的生产方式有利于快速创新。

中小企业是硅谷最有活力的力量，也是以智力资源与技术生产为主要特色的知识经济条件下创新发展的生力军。这些中小企业规模有限，仅凭自身不可能完全满足生产服务的要求，这就产生了大量的外包需求。硅谷地区强力的外包支持系统，可以及时将创意和构思变成产品，进行小批量的工业化生产，相互配合，共同营造了硅谷生态系统。通过小批量生产（Batch Production）及弹性的、开放式的创新产品经营模式，使硅谷组成了有机合作的高技术工业区。

3. 以平台型企业为纽带构建创新协作网络

在硅谷，平台型企业是创新协作网络的核心，不仅具有较高的研发投入与产出、拥有核心技术并主导行业发展，而且能通过不断研发向市场推出新产品、新技术，从而对周边起到较强的辐射作用；中小企业是领军企业的供应商，通常也拥有细分领域的核心技术，成为创新协作网络中不可或缺的一部分；初创企业则常常能够发现市场空白，为产业发展打开突破口。

以平台型企业为纽带，硅谷通过规模孵化、裂变、衍生新公司吸引了本区域乃至全球的高科技人才，初步建立了独特的"地方化—全球性"地方创新网络。

科技型中小企业在新产品的生产过程中既互相合作，又能保持小规模，具有竞争力（当需要公司规模变大时，可以选择裂变的形式，将高技术工业中标准化产品的制造部门移往南部或西部地区，硅谷只保留研究和开发的功能），硅谷的成功在很大程度上也缘于这种发展模式。

二、以大学为基础，构筑创新支撑体系

斯坦福大学首创的"大学—科研—产业"三位一体的硅谷发展模式，构成浑然一体的合作网络，是确保硅谷良好运转的奥秘所在。

1. 依托斯坦福大学技术转移的创新孵化体系

硅谷的发展得益于来自大学的技术转移，特别是经由初创公司实现的商业化进程。斯坦福大学及其创立的斯坦福工业园区借助院校的智力资源、孵化政策等优势，成长为众多高科技公司集聚的园区，直至将研发、孵化、产业化等散布于硅谷及周边。与斯坦福大学有关的企业（师生与校友创办的企业）的产值就占硅谷产值的 50%~60%。需要指出的是，斯坦福大学自身并没有"校办工厂"或"校办企业"。学校创办的工业园区当年以象征性的 1 美元价格出租给创业公司。学校的几十亿美元基金交给一个资本管理公司做多样化的投资以分散风险，其中只有很小一部分投在风险投资公司。但是，斯坦福大学不参加所投资企业的管理，从这个意义上说，学校并不"经商"。

为鼓励创业和成果转化，斯坦福大学和硅谷联合出台了很多鼓励政策。例如：斯坦福大学允许教职人员在承担教学、科研任务的同时去硅谷的公司兼职，甚至允许某些拥有重大科研成果的教授停薪留职 1~2 年去硅谷创业。斯坦福大学还出台了一系列知识产权管理制度，鼓励教职人员的职务发明向企业转移，学校视情况仅提取收益的 10%~15%；对于 1 年内没有转移的职务发明，允许发明人免费向企业转移；此外，还专门设立了知识产权办公室，负责上述

政策的执行落实和转让转移协议的签署。如今在硅谷，很多企业家同时也身兼斯坦福大学的教职，这为斯坦福大学的科技成果转化带来了天然的优势。据统计，该校的科技成果转化率超过了 80%。

斯坦福大学于 1970 年成立了技术专利许可办公室（OTL），目前共有数十名有不同领域高科技背景的工作人员，专门负责大学老师的知识产权转让工作。针对不同类型的技术专利，OTL 进行了有针对性的"精细化"管理。以 Yahoo 与 Google 为例，尽管都是该校学生的研发成果，学校却采取了不同的处理方式：Yahoo 的核心技术是学生在业余时间独自完成的，没有使用学校的研究资源，也不是学校的科研项目，学校对学生就该成果申请知识产权、成立公司不干涉，也不收取费用；Google 的核心技术是学校的科研项目，列入了学校的教学计划，而且是利用了上课时间、由指导教师指导学生完成的，因此，这项技术的知识产权是属于学校的，学校允许相关发明人去成立公司，但是需要向学校交纳权利金。Google 日后获得了飞速发展，为斯坦福大学带来了一笔数目可观的收入，甚至超过了原来协议里约定的钱数。

2. 基于军民融合模式的政府支持体系

对于硅谷所取得的成就，应把功劳归于最大的风险投资者：政府。美国国防部和政府机构的投资，曾在推动硅谷和斯坦福大学的技术创新上发挥了重要作用。湾区的高科技历史可以看作是一个受益于技术军转民和资本民参军的最佳示范，也是政府进行整体干预的完美案例。无线电和电子工程的最初动力来自两次世界大战，这在很大程度上得到了美国军队的资助。美英两国政府资助了电脑的开发。

1942 年，美国介入第二次世界大战，军事电子技术的迫切需求为硅谷带来了新的发展契机。特别是 20 世纪 50—60 年代，国防工业作为主导产业，为硅谷的发展提供了资金支持和技术保障，也为电子工业的产生、形成和发展奠定了基础。美国国防部投入大量资金用于开发先进技术，首先提出技术标准，然后在众多研发公司中寻求解决办法，激励了地方高新技术的发展。为获得稳定的技术来源，国防部门会同时资助不同的公司开发技术，又促进了技术的扩散。受到美国军费大幅增长的拉动，硅谷电子类企业迅速发展。"阿波罗计划""民兵"导弹等军方项目使硅谷当时的初创企业获得了大量的资金支持。相关技术在军事领域取得巨大成功后，快速转为民用，并进一步推动了军事领域相关技术的更新换代。随着国防技术商业化领域的发展，硅谷进入了发展的起飞阶段。这种军民深度融合、迭代递增发展的模式，是美国在国防科技与国民经济领域取得巨大成功的重要经验。硅谷正是在这种军民融合的大环境中逐步发展壮大。为了利用硅谷的创新能力，2015 年，时任美国国防部长卡特宣布了一个新倡议——国防创新试验单元 –X（DIUx）。这个倡议将探索新兴的和突破性的技术，并与国防部建立直接的关系—— 一种新型伙伴关系，探索采用风险投资的模式吸引硅谷的企业参与国防科技研发工作。每年将派遣约 15 名国防部人员到商业公司，如甲骨文、思科、联邦快递和其他公司工作。该倡议强调，为了投资于最有前途的新兴技术，美国国防部需要初创公司和小型企业的创新能力，因为初创公司是商业创新先锋。

3. 风险投资与多层次资本市场相衔接的金融支持体系

以"多层次资本市场 + 债券市场 + 创业风险投资体系"为主要内容的市场主导型科技金融是美国金融对科技支持的最大特点。多层次资本市场、企业债券市场和天使投资、风险投资等股权投资体系满足了科技型企业的融资需求。

硅谷人才科技水平世界领先，是与风险投资的发达密切相关的。硅谷的风投体系有着鲜明的美国烙印：一是资金来源渠道多样，既包括政府直接出资和大公司的风险基金，也包括金融机构贷款和个人资本、外国公民投资、养老保险基金等民间资本；二是私人资本占据了主导地位。良好的风险投资环境和充裕的风险资本，催化区域创新的孵化与产业化。而且，日臻完善的风险投资机制为硅谷的创新提供了孵化保障。经验丰富的投资家通过提出战略建议、招聘关键员工及提供其他服务帮助新创立的公司，帮助组织和改造公司的管理团队与治理结构，以提高生存与成长能力，带动区域产业结构的优化。近年来，硅谷的风险投资占全美的比例逐渐增长，2014—2016 年，硅谷和旧金山风险投资额之和甚至一度高达全美风险投资总额的约 40%，堪称"风险投资的天堂"。

同时，以纳斯达克为代表的多层次资本市场为美国硅谷创业公司创造了上市融资的有利条件，并为美国硅谷的风险投资提供了退出渠道，形成完善的融资，加速了资本的流动和近一步的风险投资运作。绝大多数硅谷公司上市时还不盈利，因此没有资格在纽约证券交易所（NYSE）上市。于是，纳斯达克股票市场为这些公司上市开了方便之门。众所周知，公司上市是通过资本市场筹措资金的方式，而上市又是激励创业者的主要动力。

三、以文化为依托，培育创新生态环境

1. 强调"个性"和"颠覆性"的创新文化

硅谷处于一个珍视创造性的地区，这里的人们有挑衅、破坏和漠视权威的处世态度。别样的生活方式和乌托邦式的反传统文化似乎一直植根于湾区人的基因中。它们始于早期的诗人和视觉艺术家，后来延续到嬉皮士一代。学术著作倾向于过多地讨论硅谷抽象模型，而忽视了所有事实中最为重要的部分：创造性。与此相伴而生的是一种特立独行的思维模式。它早于硅谷就已经存在，而且让这里的技术发烧友建立了"自己动手"（DIY）的文化。正是他们创建了硅谷。传统观点总是强调硅谷的发展得益于来自大学的技术转移，特别是经由初创公司实现的商业化进程。这当然起了重要的作用，但技术发烧友们（不管他们是不是大学毕业生）也起到了同样重要的作用。技术发烧友们代表着一种对新奇技术的小玩意儿的激情。起始于 20 世纪 20 年代的无线电业余爱好者，一直延续到 20 世纪 70 年代的家酿计算机俱乐部（the Homebrew Computer Club），这是美国精神的一部分。

硅谷作为市场主导型的高新技术产业园区，以应用性研究开发和企业化生产运营，创造产出能力为主要目标。在硅谷，创新的活跃程度主要不在于产生了多少科研成果，而在于不断产生的科研成果诞生了多少新企业，又让多少企业上演由小到大、由弱到强的成长神话。硅谷更擅长搞出引爆流行、促成更广泛、更大规模社会变革的产品。事实上，世界上还有其他地方产生过更为复杂的技术，比如核电厂和飞机。但是个人电脑、网络服务和智能电话则是以更强的渗透力和扩张力改变了人们的生活。从某些方面来说，这些技术正是硅谷的优势。其意义并不在于这些技术有多么复杂和高级，而是在于它们对于人类社会的影响。可以说，硅谷"偏爱"对社会生活有颠覆性效应的技术。

2. 形成了注重包容和开放的移民文化

硅谷是一个吸引人才的磁石。它吸引人才的范围，不仅是加州的 3900 万人，也不仅是美国的 3.27 亿人，而是全球的 75.94 亿人。硅谷的大量人才是来自海外的技术移民。1990 年的美国《移民与国籍法》和加州的劳动法等法律，促进了雇员的国际化流动性，由此鼓励了知识外溢和经济集聚。硅谷是世界上最大的民族大熔炉之一，2015 年在硅谷地区总人口中，37.5% 的人出生于国外。大量的外籍员工给硅谷注入了新鲜血液，为产业发展提供了宝贵而特殊的人力资源。根据《2017 硅谷指数》，2014—2016 年净流入的国外移民数量分别为 14778 人、21219 人和 22500 人，3 年呈上升趋势。移民净流入的高峰在2001 年，净流入 28845 人。近 10 年（2007—2016 年）国外净流入的移民累计为 16 万人。对于硅谷的人才来说，才华与能力是最重要的条件。种族、年龄、资历与经验并不能决定工作机会和职位。这也是吸引全世界科技人才、企业家来硅谷工作的重要原因。

3. 互联网平台友好型监管方式的变革

硅谷在互联网时代的成功很大程度上归因于美国在 20 世纪 90 年代对版权和侵权法的重大改革。这一改革降低了互联网平台的责任，为硅谷企业在 Web 2.0 时代的巨大成功提供了良好的法律制度土壤，释放了互联网企业和人才的活力，推动了行业创新。

1996 年，美国国会制定了《通信规范法》（CDA）。该法的 230 条款宣布在线服务提供者绝不可能被看作是第三方提供的内容的出版商，既不承担作为出版商的责任也不承担作为经销商的责任，因此不对通过服务从事的大部分侵权承担次级责任。国会制定 230 条款的意图就是将互联网平台和传统的出版社、电视台区别对待，而且没有采取通知—删除机制。正是由于这一条款的存在，硅谷很多公司才得以躲过灾难性的法律挑战，带来创新产物。

同时，1998 年《数字千年版权法案》（DMCA），豁免了符合要求的互联网服务商的间接侵权责任，而且不要求平台主动监测用户行为。对互联网产业的巨大价值主要体现在两个方面：版权避风港规则和开放式的合理使用制度。诸如谷歌的搜索服务依赖于随时获取互联网上所有内容的快照，即网页快照，往往往会涉及侵权风险，而美国开放式的"合理使用"条款使互联网企业有足够的空间去开发新产品和新服务。

硅谷的成功很大程度上确实得益于法律提供的监管方式变革，在促进创新与监管中找到平衡点。这使得互联网平台免于承担过重的责任，加速了创新进程并提供了可能性。

第二节　筑波经验

筑波科学城是日本罕见的由中央政府计划、作为国家工程建设而成的新城。1963 年，日本政府内阁会议决定在东京都周边的茨城县内建设一座高标准的新城。1970 年，日本国会通过《筑波研究学院园区都市建设法》。新城正式着手建设，选址筑波，距离东京市中心约 60 千米，靠近东京成田国际机场。其次，筑波海拔不低于 20 米，面积约 280 平方千米，大约为东京中心部（23 区）面积的一半。此外，该地北依名山筑波，南邻日本第二大湖霞浦湖。

筑波科学城采用政府管理体制，由首相办公室下面设立"科学城推进本部"来管理。该部由国土厅长担任主席，成员包括科技厅、环境厅、厚生省、文部省、农林水产部以及邮电、劳工、通产、建设等有关中央政府各部门的副部长。同时，设置筑波研究机构联络议会，下设 5 个专业委员会负责管理研究业务。而土地开发和公用设施建设项目由住宅和城市开发集团负责，科研和教育机构建设由建设部负责。筑波科学城对促进日本高科技产业的发展起到了巨大的作用。

科学城原计划人口为 22 万人，其中研究与教育区 10 万人，周边都市区 12 万人。建设 30 多年后的 2015 年，面积 280 平方千米的筑波市总人口仍不到 23 万，其中以国立科教机构为主的中心部约 7.2 万，中心外围 253 平方千米的产业发展地区约 15.5 万。而拟定未来 2030 年人口达到 35 万，其中研究学园地区 10 万，周边开发区 25 万。筑波科学城的开发建设路径为中国雄安新区提供了以下借鉴。

一、以高层次的法律体系确保"一张蓝图干到底"

自从 20 世纪 60 年代决定建设筑波科学城以来，日本政府制定了一系列与筑波科学城建设直接相关的法律，包括 1970 年的《筑波研究学园都市建设法》、1971 年的《筑波研究学园都市建设计划大纲》、1983 年的《高技术工业聚集地区开发促进法》等。这些法律将筑波科学城规划、建设和管理等方面的内容，以法条的形式固定下来，并通过立法手段，对房地产租赁、设备折旧、税收、信贷、外资引进等给予多种优惠政策和措施，同时还规定了中央政府、地方政府以及社会团体在高技术研发和产业化过程中的权利、义务，从而有力地保障和促进了科学城区的发展。

《筑波研究学园都市建设法》由日本国会制定，立法层级高，是一部针对特定区域的全国性法律。该法分为五章 14 条，自发布之日起，共经历六次修改至今仍然有效。该法是日本关于筑波科学城的众多立法中的第一部，规定了由中央政府直接管理筑波科学城的核心区域等原则性问题，对研究学园地区建设计划、周围开发地区整备计划及事业设施等均做出明确说明，具有"筑波宪法"的性质。

由于战后日本政府更迭频繁，有关的政策也随政府的更迭而变化。将建设筑波科学城的国家意志上升为法律，有助于促使历届政府坚持对高新技术研发的重视和投入。最初制定的总体规划始终处于核心指导位置，即便在发展的过程中出现困境，也是先修改完善规划，再做出相应的措施调整。因此，这一系列法律的出台对筑波科学城的发展起到了十分重要的促进作用。

二、以多元化的筹资渠道调动社会积极性

为保障科学城的顺利建设与健康、持续地发展，日本政府出面组织，由内阁会议制定建设规划和总体方案，为筑波科学园区的性质确定、构成、建设计划、实施步骤、开发地区做准备。1970 年起，日本政府已经为筑波市建设累计投入 3 万多亿日元资金，并且，全国国立科研机构大约每年 40% 的科研经费预算都集中在筑波科学城。

此外，日本政府注重调动社会积极性，整合各方面要素，积极为科学城

建设筹资。其中，日本科学工业园区的资金主要是靠地方公开团体、财团和企业、财团与政府合建的三项资金；运营的主体是股份制的研究开发中心（占园区总数的 50%）、财团法人（占园区总数的 46%）和地方政府（占园区总数的 4%）。这种支撑体系有利于充分调动企业和社会的财力，发挥民间企业的积极性，减轻政府负担。

三、以科研机构"法人化改革"培育创新活力

日本政府在建设筑波科学城的过程中，也同样注重发挥其改革"试验田"的作用，尤其是瞄准日本传统科研体制的一些弊端，深入改革。日本政府于 20 世纪 90 年代通过"新筑波计划"，在原有规划的基础上把筑波科学城推进到再创发展阶段，并从科学城的制度、运行机制等多方面进行调整，将筑波科学城重新定位为"科学技术中枢城市、更广域范围都市圈内的核心城市和生态、生活、模范城市"。2001 年，科学城国家级研究机构均转型为独立的管理机构，健全了机构的创新机制，消除了国有科研机构的制度惰性。在新的管理制度与科技政策的支持下，科研机构拥有了更多的自主权，并积极研发先进技术，推动技术的产业化应用。地处筑波的独立行政法人——产业技术综合研究所实施了"法人化改革"，通过科研所合并增强了研究所对人、财、物等资源运用的灵活性。研究所的科研人员施行聘任制，并特别重视战略和效率，通过组织评价、个人评价、产学官评价来评定科研成果，利用企业孵化器来促进成果转化。发明专利所得的专利费在 100 万日元时，其中 50% 归个人，超过 100 万日元时，个人可得 20%。在改革后的体制支撑下，产业综合技术研究所以追踪研究国际先导技术为使命，并以促进技术的产业化应用为绩效考核标准。

此外，政府重点支持大学和科研机构成立科技中介机构——技术许可组织，接受大学及研究者个人委托，为大学科研成果申请专利，进行技术营销，实施技术转移，从而有效地转变了筑波发展的模式，促进了政府、产业界和学术机构之间的相互影响，促使许多著名公司在筑波设立研究中心，带动了新技术的开发和新兴产业的发展。同时，日本推出了一系列人才培养计划，目的是建立一流人才培养基地，让一批国际顶尖级人才脱颖而出。

四、以原始创新能力支撑产业链的持续发展

纵观世界主要国家高新技术园区的总体发展状况，支撑国家未来产业发展的基础知识创新研究机构的集聚化发展成为一种潮流。针对新材料、新能源等新兴领域，世界主要国家都在下大力气进行基础知识的创新研究，而且为了发挥研究机构之间的技术扩散与外溢效应等，研究机构相对聚集形成国家创新区域的方式已日益普遍。

筑波科学城定位于研究园区，以国家级研究机构为主体，主要从事基础知识和技术的创新研究。1970 年以后，大批国立研究机构迁至筑波。1973 年，国立东京教育大学也迁至筑波，更名为筑波大学。而且，从 20 世纪 80 年代末开始，筑波就有意识地改变科学城内基础性研究与应用研究、产品化转换、商业化生产相脱节的问题，积极引导筑波科学城与国外先进科学技术研究人员与机构进行交流，改变以往相对封闭的操作体系。同时，通过引进企业所属的研究机构促进科学城的应用研究和生产能力，从而有效地发挥基础研究和原始创新对产业链的引领带动作用，以避免形成区域之间发展模式高度一致、产业高度雷同的低水平竞争格局。

五、以公益性住宅等配套设施保障人才的基本需求

对于以科学城为基础发展起来的城市而言，有高素质的人才居留是必要条件。筑波科学城在最初的住宅开发中就建设或预留部分带有一定政策引导性的非营利性住宅，以吸引国内、国际高水平科学技术管理人才入驻，避免了园区功能与社区功能的完全割裂。此后，为适应新的发展形势，1998 年 4 月，按照《筑波研究学园都市建设法》，对《研究学园地区建设计划》及《周边开发地区整备计划》进行了全面修订。

世界上较早建成的高新技术园区，多数由于缺乏总体规划，后来人口猛增时，都出现资源不足、交通拥挤、给排水困难和环境污染等棘手问题，限制了其发展。筑波科学城建设一开始就十分注重各方面的统一筹划，还颁布了《私人部门资源利用法》等法规，对资源合理开发利用、环境保护等问题加强管

理，同时高度重视城区市政、住房等社会整体发展的综合考虑，保证了科学城的持续健康发展。

筑波科学城在规划建设中构建完善的公共设施体系包括理念创新、提高设施密度和用地规模、注重社区层级的设施配套等。公共服务设施的用地规模除了强调在园区尺度上达到总量与布局的平衡，在组团内部还着力达到比例协调，最大限度地方便园区居民及从业人员的日常生活。并且，在系统把握园区建设各类影响因素之间关系的基础上，确定不同层级的公共设施网络体系，承上接洽区域级公共设施辐射，启下补充完善各类设施的设置要求，注重社区级公共设施的营造。适度提高公共设施的层级类型、用地规模和分布密度，注重高品质的医疗教育、文化体育、景观绿地等设施建设，设施空间布局与城市功能分区和居民需求相结合，各类设施功能适度混合，注重营造社区活力。

第三节　深圳经验

中国的深圳经济特区位于深圳市南部，东起大鹏湾，西至珠江口，北靠梧桐山、羊台山脉，南邻香港特别行政区，以深圳河为界。东西长49千米，南北宽7千米，总面积327.5平方千米，实际可开发面积110平方千米。设有全长86千米的特区管理线。特区范围包括罗湖区、福田区、南山区和盐田区。

从1980年到2016年，深圳市的实际GDP以年均22%的速度增长，2016年深圳市的生产总值已经高达19492亿元人民币，超过曾经作为追赶目标的中国香港、新加坡等"亚洲四小龙"。其中，深圳市南山区有约125家上市公司，合计市值约4000亿美元，该区人均收入超过香港。

深圳市近年来大力支持和推进创新，培育了以华为技术有限公司、中兴通讯股份有限公司、腾讯计算机系统有限公司等全球知名企业为代表的高新技术产业。全市2016年战略性新兴产业增加值占GDP比重达40.3%，高技术产业工业增加值占规模以上工业增加值的比重达到66.2%，在2.63万亿元人民币的出口额中，高新技术出口额更是以52%的占比超半壁江山，实现了从"深圳加工""深圳制造"再到"深圳创新"的重大转型。

习近平总书记指出，深圳经济特区从当年一个小渔村发展到今天这样的程度，除了中央和各有关方面大力支持外，更多是靠改革创新。纵观深圳市创新发展的路径和经验，重点可以概括为"DYNAMIC"模式，即依赖于"双轨协同"的发展路径（Dual tracks）、青年创业者（Young entrepreneurs）、网络化创新生态系统（Networked eco-system）、调适性渐进发展模式（Adaptive incremental changes）、中端市场（Middle of the market）、技术要素整合（Integration of technology）、集群化创新（Clustering）。

一、"双轨协同"的发展路径——自上而下的产业扶持路径＋自下而上的市场驱动路径

30 年来，在深圳市的发展过程中，有两种力量自始至终贯穿其中，一是自上而下的产业扶持路径，二是自下而上的市场驱动路径。深圳市实现创新发展，是两种力量协调作用的结果。

1. 自上而下的产业扶持路径

深圳市的发展起步，得益于中央政府"集中力量办大事"，在全国范围内展开人口迁移和物资调配，通过政府主导的方式进行资源集聚和要素输入，从而为深圳市发展积累了"原始资本"。在深圳市实现创新发展的过程中，同样也离不开国家支持，即通过资助产业创新项目、扶持具有国家战略意义的产业等方式，促进科研机构和企业之间形成合作关系。同时，深圳市也不断地通过制度建设和政策支持的方式给予产业相应的支持：为了实现"优势优先、重点突破"，"政府的能力有限，不能眉毛胡子一把抓，所以当时深圳市把重点放在 IT、生物工程以及新材料三大领域"。而且，深圳市科技局下设民营科技企业办公室，旨在解决民营科技企业"注册难"问题，"下狠手支持民营科技企业发展"。20 世纪 90 年代初，国内的程控交换机制造商的排名是"巨大中华"，即巨龙通信设备有限责任公司、大唐电信科技股份有限公司、中兴通讯股份有限公司、华为技术有限公司，当时的华为技术有限公司尚处于起步阶段，不仅缺乏资金，而且因为是民营企业，难以与国企"同场竞技"，在进军国际市场的路上举步维艰。但是，在深圳市优惠政策性贷款等举措的大力扶持下，如今

民营的华为技术有限公司和国有民营的中兴通讯股份有限公司早已成为全球该领域的佼佼者。除此之外，法治化也是深圳市的亮点之一，有关企业技术秘密保护、促进科技创新等科技类法规在不同时期对企业的发展起到支持作用。深圳市以立法的形式确保科技体制改革，为生生不息、源源不断的科技发明保驾护航。近年来，深圳市努力推动"再造审批流程"等改革，全面深化改革、持续发力供给侧，瞄准影响发展的"创新、企业、人才、高校、住房"五大因素，一揽子出台了多项改革举措，加快落地释放改革红利发展新动能，为提升创新发展质量创造了良好的制度环境。

2. 自下而上的市场驱动路径

经济发展规律中最重要的便是市场化运作。深圳市正是因为在科技创新、人才引进、金融支持等诸多方面严格遵循市场化运作，才得以迅速发展。作为改革开放的前沿阵地，深圳市的市场经济体制在国内最为完善，市场机制也最为灵活，因而也更有生命力。深圳市自1980年设立特区以来的诸多发展都是基于市场需求，从底层颠覆性地发生。例如，在深圳市赛格集团有限公司等企业的主导下，深圳市成立了中国第一个电子配套市场，突破了中国电子市场计划经济的藩篱，推动电子产业走上了高速发展的道路。目前，电子信息产业已经发展成为深圳市成长性最好、竞争力最强、关联度最大的支柱产业，涌现出华为技术有限公司、中兴通讯股份有限公司等一大批世界级企业。更为重要的是，以电子信息产业为代表的深圳市制造业不但迅速形成规模，而且还在周边地区（包括香港、东莞等地）形成完整的产业链。深圳市华强北商业区的商业发展传奇就是这样一个典型。在20世纪90年代中期，华强北商业区一带还是由制造业主导，深圳中华自行车（集团）股份有限公司、飞亚达（集团）股份有限公司、东莞华强三洋电子有限公司、深圳市赛格集团有限公司、深圳市京华电子股份有限公司等制造业均扎根于此，但到了21世纪初，华强北商业区却已经成为亚洲首屈一指的电子产品商贸中心，华强北的电子产品价格甚至影响到全球电子元器件的行情。"深圳模式"在珠三角不断复制扩张，各个产业链条不断延伸发展的结果是，整个珠三角都成了"世界工场"。这是深圳市内生力量的扩张效应或带动效应，也是深圳市过去30年成为内地学习模仿对象不可忽视的重要因素。

二、为青年创新创业人才营造全方位的良好发展环境

人才是创新活动中最为活跃、最为积极的因素。相对而言，深圳市的高等教育资源并不集中，但是以高校毕业生为代表的大量青年创新创业人才从全国各地蜂拥而至，为深圳市提供了源源不断的创新动力。根据教育部创业教育指导委员会的《中国青年创业报告》显示，深圳市创业人群总量大，创业欲望强烈，其中 20~30 岁、31~40 岁的人群分别占 58% 和 36%，而我国青年创业最多的年龄段在 25~35 岁，其次是 35~44 岁，深圳市创业者平均年龄比全国小 5 岁。

深圳市为了大力引进人才，特别是青年人才，出台了一系列政策，形成了良性的创新创业环境。深圳市 2006 年出台国内首部改革创新法《深圳经济特区改革创新促进条例》，立下三个"免责条款"，包容改革创新的失败者，营造了较为宽松的创新环境。而且，深圳市有移民文化，城市口号是"来了就是深圳人"，对于自由流动的限制很少，能够形成开放、包容的氛围，多元文化共存为深圳市注入旺盛的创新活力。

深圳市建立健全人才激励体系，出台了《深圳经济特区技术成果入股管理办法》等法规，将"技术股权"第一次写入地方法规，为高新技术企业管理模式创新消除障碍，有效地激活了人才的积极性，为青年人才创新创业提供良好的通道。设立了科学技术奖，践行"科技是第一生产力、人才是第一资源"的发展理念。

同时，深圳市着力构建人才保障体系。为了吸引人才，深圳市级财政每年投入不少于 10 亿元，于 2010 年 10 月开始实施"孔雀计划"，对于纳入该计划的海外高层次人才，政府给予 80 万 ~150 万元的奖励补贴，对于引进的世界一流团队给予最高 8000 万元的专项资助。针对高房价带来的人才安居问题，政府推出人才安居工程，解决高端人才的后顾之忧。正是深圳市政府在引进人才和留住人才上的大力支持，才让深圳市持续人口净流入，为特区提供了源源不断的人才供应。

在深圳市，青年创新创业人才在创新发展中发挥了极其重要的作用。尤其是近年来，"80 后""90 后"创业者逐渐成为深圳市创业创新领域的新生力量，

其所创办的深圳市大疆创新科技有限公司、光启技术股份有限公司、深圳市柔宇科技有限公司、奥比中光科技集团股份有限公司等一批拥有核心技术的企业声名鹊起。这些企业从成立之初就面向全球市场，整合全球资源，吸引全球创新者聚集深圳市。

三、网络化创新生态系统——以平台型企业为主导、以制造业为支撑的"产学研融"集成创新模式

深圳市的核心创新是各类企业拥有国内领先的高科技产业和企业群，依托于规模庞大的本土市场和不断健全的金融市场机制，以及完整的硬件创业产业链基础和氛围，形成了网络化的创新生态系统，凸显了相互取长补短、放大彼此优势的协同效应。柔宇公司的创始人刘自鸿认为，必须立足于深圳市，因为这里已成为硬件创业者的全球中心，从早期研究到制成品，基于深圳市的"制造者"生态系统，能够形成集成创新。云天励飞 CEO 陈宁认为，对于带着技术回国的海归来说，中国的市场和潜力最具吸引力，而深圳市完善的电子信息产业链对于技术的落地极为关键。技术需要与市场不断地进行磨合、碰撞，所以需要离市场、产业链近，才能诞生能够满足用户真实需求的、有生命力的产品。

深圳市花费在研发上的支出超过 GDP 的 4%，是内地平均水平的两倍，南山区研发支出在 GDP 中占比超过了 6%，而且大部分资金来自私人公司。以华为技术有限公司为例，其将营收的 15% 以及 18 万名员工中的 8.2 万人投入研发，研发支出甚至超过了美国的苹果公司，华为技术有限公司在全球拥有 20 多家研发中心，并和领先的跨国公司和大学建立了若干合作枢纽，形成了"全球创新网络"。华为技术有限公司的业务领域已经从通信设备拓展到智能手机和云计算等领域，并以 3898 项专利技术获得世界知识产权组织（WIPO）专利技术申请量第一，成为世界上最高产的优质国际专利来源之一，其 2016 年收入达 5200 亿元，较前一年同期增长 32%，在行业竞争中得到了长足发展，成为全球的行业领军企业。

围绕产业链的需求，深圳市建立了以风险投资为先导的金融体系。为了缓解高科技企业资金缺乏的问题，深圳市还创下了三个全国"第一"——第一家

技术产权交易所、第一家高新技术企业担保公司、第一家全国创业投资公司，为高新技术企业提供融资担保服务。在深圳市，风险投资基金公司和私募股权基金公司共有 46000 多家，掌握资金 2.8 万亿元，其中 8000 多家最活跃的风险投资基金公司服务于深圳市的各类高新技术企业。如今，仅高新技术企业担保公司就已为 39000 多个项目提供过担保，为 24000 多家企业进行过帮扶，而全国创业投资公司扶持上市的创业公司就达到 119 家。此外，持续不断的金融改革同样为深圳市的创新发展蓄力，随着中国经济的转型和结构调整，传统"老经济"占比不断下降，上海交易所主板上市公司的成长性也开始逐步被深圳市交易所中小板、创业板上市的"新经济"企业所超越，深圳市在中国金融版图中的地位也愈加重要。近年来，前海等"特区中的特区"更是为深圳市的金融发展注入了新的力量。

四、调适性渐进发展路径——基于资本输入和技术扩散的创新能力升级模式

深圳市创新能力建设，呈现出调适性渐进发展的特征，采取了"快速应变，在不断试错中发展"的模式，不断地改革，不断地创新，从而形成了当前的创新发展格局。企业是地区创新发展的主体，其技术进步有一个梯度升级的过程，逐步实现从"简单模仿"向"消化吸收再创新"到"自主创新"的过渡。在不同阶段演变中，知识密集型产业和技术密集型产业发展明显加快，劳动密集型产业发展速度下降，企业技术进步、创新发展的步伐加快。

从产业发展来看，深圳市大体经历了三次产业结构升级，逐步由低级向高级演进。20 世纪 80 年代，以"三来一补"为主发展劳动密集型轻工业；20 世纪 90 年代，以电子通信设备制造为主导的高新技术产业迅速发展；2000 年以来，以高新技术为主的制造业和以金融、物流、文化为代表的现代服务业全面发力，多元产业体系逐步形成。当前，深圳市产业发展正处于第四阶段，面向全球经济和贸易格局，向更高层次的现代产业体系推进，包括以研发设计和高端制造为核心的高新技术产业、以现代金融、现代物流和文化创意为核心的现代服务业。

外国直接投资（FDI）和贸易可产生的三个有利影响：资本积累、知识转移、与全球经济接轨。正是在 FDI 和贸易的推动之下，深圳市用不到 20 年的时间就完成了由农业经济向工业经济的转变，并在此后逐步确立自己在高新技术产业领域的优势地位。自 20 世纪 80 年代以来，FDI 始终保持快速增长，提供了有力的资金和技术支持。近年来，深圳市 FDI 增速有所放缓，但规模仍保持在一个相对高的水平。

深圳市制造业崛起是中国港澳台地区及欧美技术转移和扩散的结果。早期，技术主要依赖于中国港澳台地区及欧美地区，以技术复制、模仿、简单再创新为主。中后期，本地企业研发及创新水平不断提升，具备技术含量的行业或终端产品开始增多，并对珠三角及外围地区形成辐射。其中，深圳市承担了研发设计、技术输出、金融服务、产业链管理、国际贸易等高端职能，周边地市在后续产品加工、产业链配套方面承担相应职能，从而构建了珠三角制造业集群，在全球制造业和贸易体系中发挥重要作用。当前，以深圳市为核心的珠三角制造业集群，乃至辐射至广西壮族自治区、湖南省、江西省、重庆市、四川省等的大制造业体系，就是这一机制作用的结果。

五、聚焦"中端市场"——通过用户资源积累以获得创新要素集聚的平台

深圳市的市场化发展早于全国，迅速积累了一批用户群体，而且，其创新产品的定位，往往体现了对于用户需求的密切关注，旨在牢牢把握规模庞大的本土市场，尤其是"中端市场"。深圳市开放创新实验室的李大维认为：硅谷痴迷于解决富裕世界的问题，但深圳市的开放创新者致力于为大众提供他们负担得起的解决方案。深圳市的企业倾向于提供品质并非最高、但更具"适用性"的产品，通过消除产品特性、改进工艺流程、降低材料成本等方式，将一些价格更低的创新产品推向市场。继而，基于用户的反馈，不断推出改进后的迭代产品。

以深圳市腾讯计算机系统有限公司为例，QICQ、QQ 等即时通信软件为代表的创新产品研发，能够抓住互联网发展中缺乏中文版本系统工具的契机，往

往定位于中低层次收入水平和文化水平的人群，以此为突破口，抢占市场份额，从而有效地积累了大量用户群体，为自身的发展提供了一条"正反馈"路径。由于拥有高达 3.4 亿户的注册用户，深圳市腾讯计算机系统有限公司在推出任何一项产品和服务时都能享受到庞大用户基数所带来的好处，能够迅速在该领域内占据一定的份额。相对而言，国外引进的产品虽然拥有更好的特性和品质，但是其高昂的价格却无法让中国中低收入消费者为其买单，抑或是本土化程度有限而不能被中低文化层次的人群所接受，导致其不能真正占领中国本土市场。深圳市的商用无人机企业——深圳市大疆创新科技有限公司，也旨在牢牢抓住全球超过一半的小型民用无人机市场，逐步实现产品的多元化，瞄准不同领域的用户，推动自身不断创新。2010 年销售收入仅 300 多万元，2015年已有约 60 亿元，占据全球消费级无人机市场 70% 的份额。

由于能够积累大量的用户资源，深圳市腾讯计算机系统有限公司等深圳市相关企业，尤其是网络公司，可以依托用户资源不断改进、不断创新，基于既有的产品催生新的衍生产品甚至孵化新的业态。

六、充分整合技术要素——基于中国国际高新技术成果交易会等开放平台的高端要素链接模式

以中国国际高新技术成果交易会为主要平台的科技成果市场，使深圳市的高科技产业、出口和跨国采购等优势形成叠加效应，更好地整合了技术要素。中国国际高新技术成果交易会，是以"成果交易"为核心，集"高新技术成果交易、高新技术产品展示与交易、项目招商、高层论坛、人才服务、信息交流"于一体，为全国乃至全球的高科技企业及其成果展示、交易、交流提供平台和服务的平台。该交易会正在成为科技成果转化的桥梁，助力完善科技成果转化体制机制，理顺"政产学研资用"的关系，为科技成果走向市场提供良好的孵化环境，形成"科技促进产业发展、产业带动科技创新"的良性循环。

该交易会的成功最重要的原因在于机制的创新。该交易会改变了传统技术交易简单的买卖关系，提出了"高新技术成果交易与高新技术产品展示相结合，高新技术成果交易与风险投资相结合，落幕的交易会与不落幕的交易会相

结合"的三结合方针，把高科技产业化过程所需的技术、资金、市场等要素纳入交易会，使过去那种单纯的技术交易变成了产业化诸要素的综合性交易会，从而大大提高了成交率。

该交易会最大的受益者是深圳市的企业，不仅从会上得到技术、资金和人才，还扩大了与内地的合作和交流。通过该交易会的交流，深圳市正在强化其独有的产业化体制——"章鱼模式"，许多企业把研发机构设在美国硅谷、中国的北京市、上海市、江苏省南京市、四川省成都市、陕西省西安市、湖北省武汉市等科技资源丰富的城市，把生产基地放在周边地区，深圳市资源匮乏的现实使得这种模式成为一个合理的选择。深圳市的企业从国内外吸取自己所需要的技术要素，获得快速的发展。同时，深圳市的企业也把自己成熟的商业模式、管理经验和市场信息带到了全国各地，为当地科技产业增添了活力。每年一度的中国国际高新技术成果交易会不断为这种有效的互动提供新的机会和动力。

对于深圳市而言，开发与利用好这一资源，构筑为中国高新技术产业发展提供支持与服务的高起点平台，充分挖掘科技力量的潜力和发展优势，以市场为导向，促进高新技术成果的商品化、产业化和国际化，既是该交易会的重点突破口，也是深圳市自身实现创新发展的生存法则。

七、集群化创新——形成了不求所有、但求所用的"深研院"集群模式

在城市建设的起步阶段，深圳市自身并没有成熟的高等院校和科研机构体系，在高技术产业研发方面不具备先天优势。但是，深圳市在发展中探索出一条独具特色的创新集群建设路径：为吸引和促进国内外名校、科研院所来深圳市进行科技成果转化和产业化、中小型科技企业孵化和高层次人才培养，深圳市于1999年建立深圳虚拟大学园，把大学的综合智力优势与深圳市的市场环境优势相结合，形成了"不求所有、但求所用"的"深研院"集群模式。

在"深研院"集群模式中，"不求所有、但求所用"的特色主要体现在三个层面。

1. 在体制方面，注重"合作共建、为我所用"

深圳虚拟大学园搭建"深圳虚拟大学园国家重点实验室（工程中心）平台"，在深圳设立研发机构 113 家，按照"一园多校、市校共建"模式建设"产学研"结合创新园区，聚集了 53 所国内外知名院校，建立事业单位建制、独立法人资格的成员院校深圳研究院 42 家，为深圳市产业应用研发培育了有生力量。在建立模式上，各类"深研院"一般采取多方"共同投入"的模式，实行理事会领导下的院长负责制，以发挥各方优势。

2. 在技术方面，注重"面向需求、为我所用"

深圳市与高校院所共建的"深研院"多是新型研发机构，一方面聚焦于产业需求紧密结合、紧跟战略新兴产业发展需求、意义重大且可见效的项目，另一方面也瞄准引领性、前沿性的尖端科技研究与储备。以中国科学院深圳先进技术研究院为例，其定位贴近市场需求，要求研究成果需要具备一定的市场转化率，能够解决企业和产业发展中遇到的实际问题。研究目标旨在联合企业推动创新走向市场，将成果迅速投入产业化应用，实现"创新创造价值"。因此，在考核机制上，各类"深研院"往往体现出了鲜明的产业导向，在总体考核指标（100 分）中，产业转化类指标的分值占 1/3。

3. 在人才方面，注重"灵活流动、为我所用"

由于各类"深研院"是深圳市与各高校院所共建的单位，其人才的使用方式往往更加灵活，强调流动性。"深研院"通过建立院士活动基地、博士后工作站、研究生院等平台和载体，以兼职研究、项目合作等方式，充分利用院士专家、博士后、研究生等流动性较强的人才资源，持续集聚创新要素、推动成果转化，将科研机构的科研和智力优势融入深圳市的创新型城市建设，从而有效地提升了产业创新能力，逐步形成特色鲜明、专业突出的高端人才宜聚地、研发机构聚集地和中小科技企业集散地。

第四节　上海经验

浦东新区是上海市科技创新中心建设的缩影，是中国改革开放的典型案例。1990 年，在经济全球化的背景下，中国政府设立浦东新区，依托长江三角洲的地缘优势和人力资源，把浦东新区建成国际、国内两个市场、两种资源的交汇点与聚合区，走出一条"开发浦东、振兴上海、服务全国、面向世界"的新路子，奇迹般在农田上打造出这座现代化新区。

浦东新区的政策制定秉持因时制宜的原则。自 1990 年以来，在不同的发展阶段，先后制定了以形态开发、功能区建设、制度创新为主的政策措施。

第一阶段（1990—1995 年）：基础设施建设。针对当时基础设施薄弱、资金不足的状况，政府工作的重点围绕大规模推进能源、交通基础设施建设，制定政策鼓励国际资本投资大型基础设施领域，为产业形成创造条件；

第二阶段（1996—2005 年）：功能区建设。重点是要素市场的进驻和产业的聚集。随着生产能力提升和国际金融、贸易机构入驻，工业化和服务业取得进展；

第三阶段（2005 年至今）：制度建设。政策重点是颁布一系列针对性的制度改革与创新方案，提升区域软环境。2005 年 6 月，国务院批准浦东新区为首家进行综合配套改革试点；2013 年，国务院批复《上海张江国家自主创新示范区发展规划纲要（2013—2020 年）》；2015 年，中共中央、国务院颁布《关于深化体制机制改革加快实施创新驱动发展战略的若干意见》，国务院印发《进一步深化中国（上海）自由贸易试验区改革开放方案》，中共上海市委、上海市人民政府颁布《关于加快建设具有全球影响力的科技创新中心的意见》，在自主创新能力建设、对外开放、行政管理体制等领域不断推进改革。

一、构建了政策联动平台载体，打好制度创新"组合拳"

2005 年以来，浦东新区步入制度创新发展阶段，浦东综合配套改革试点、张江自主创新示范区、国家深化体制机制改革实现创新发展、上海自由贸易改革试点、上海建设全球影响力科技创新中心等政策先后出台。其间，浦东新区构建了政策联动平台载体，发挥政策叠加合力，形成各类政策协同、支持创新发展的良好局面。

例如，2015 年 11 月，上海市政府发布《关于加快推进中国（上海）自由贸易试验区和上海张江国家自主创新示范区联动发展的实施方案》，提出了 10 项重点创新。以张江高科技园区为例，聚焦"双自联动"，构建协同创新的联动平台载体。集技术交易、孵化引导、科技金融、国际对接等多种功能于一体，聚焦技术源头和产业端口，形成技术交易基础功能平台、全国高校技术市场、国际创新收购平台、技术转移渠道网络平台四个功能平台，将"双自联动"平台载体打造成为国家创新体系示范、国际技术转移枢纽、上海科技创新引擎，更好发挥了张江模式在创新发展中的溢出效应。这也体现浦东不断加大平台建设力度的思路，浦东已成为国内创新公共服务平台最密集和最完善的城区之一，集聚了国家级平台 12 项。

二、拓展融资渠道，建立了"资本激励创新"的三级投融资体系

金融先行，作为浦东开发突破点。1991 年，邓小平强调"金融很重要，是现代经济的核心。金融搞好了，一着棋活，全盘皆活"。金融在支持浦东新区开发建设、吸引浦东新区产业集聚、鼓励创新创业中发挥着重要作用。

浦东新区在建设过程中，拓展了一系列融资渠道，解决新区开发需要大量资金的难题。包括 20 世纪 90 年代初在国内率先建立举债机制，向国际金融机构借贷，筹措基础设施建设所需的大量资金；20 世纪 90 年代中期，盘活存量资本，用土地在市场上融资；20 世纪 90 年代后期，通过资本运作方式，将有盈利的基础设施项目推向市场，实行社会融资。推动开发公司上市，筹措资金；到了 21 世纪初，大力引进社会资本投资产业领域，如创投基金、科技发展基金等，实现了从早期"政府投资"到后期"市场投资"模式的转变，促进了浦东产业的健康发展。

特别是为鼓励创新创业，浦东新区建立了资本激励创新的三级投融资体系，这也是浦东新区区域创新体系构建的一大亮点，即以政府无偿资助、基金投资支持为主的初创期企业融资体系，以风险投资、知识产权质押融资、银行贷款、融资担保等为主的成长期企业融资体系，及以"择优扶强"、产业发展基金推动等为主的成熟期企业融资体系。

三、形成完善的创新要素市场

在中国这样一个曾经以计划经济为主的发展中国家，浦东新区具有市场化的优势。比较其他省份，浦东新区已经形成较为成熟完善的金融市场和生产要素市场体系。以推进资本、劳动力、土地、技术等要素的市场化配置作为突破口，建成比较完善的要素市场体系。浦东新区吸引了多家国家级金融要素市场落户，包括：上海证券交易所、上海期货交易所、上海联合产权交易所、上海钻石交易中心等。探索成立了上海联合产权交易所，为国有资产有序流动，促进科技与资本对接、外资和跨国资本进入等提供重要平台。

四、制定了全谱系的引才配套政策

浦东新区广汇英才，建设智力密集型新区，将人才作为新区自主创新的源动力。浦东新区和欧盟共同创办专门培养国际化高级管理人才的中欧国际商学院，著名高校的分院相继落户，增设实用性的学科，逐渐形成了"产学研"的网络；以世纪大道、新区行政办公中心、浦东科技馆等重大工程为载体，大量引入国外专家，增进国际间的智力和人才合作；引导500强企业和跨国公司地区总部、研发中心大量入驻，壮大国际化人才队伍；鼓励留学人员创业，简化手续、制定税收优惠，提供人才公寓、专家公寓、廉租公寓、零租金实验室等；建立留学人员创业的投融资体系，设立浦东科技创业（人才）资助资金、海外留学人员创业基金、高新技术种子基金等1.2亿元和专项担保基金1.5亿元。

五、聚焦开发区高水平建设，形成"集群效应"

浦东新区集中精力建设高水平开发区，通过开发区建设来吸引人口和产业集聚。浦东新区政府十分重视功能区建设，重视发挥金桥、陆家嘴、外高桥、张江4个国家级开发区的主体作用，重视各开发区之间的合理分工和相互协作。陆家嘴金融贸易区全面拓展金融、商贸、会展、旅游功能，金桥出口加工区逐步形成以高技术为主导的支柱产业，外高桥保税区提升国际贸易、加工贸易和现代物流等主体功能，张江高科技园区加快形成集成电路、生物制药、软件基地建设。这些开发区共同体现了高水平开发的特征：投资环境与发达国家快速接轨；产业发展与世界先进产业接轨，高技术产业、资金密集型产业、知识密集型产业协调发展；公共管理与世界先进水平逐渐接轨，引进海外物业公司，发展中介服务。

六、依托长三角腹地，形成城市群功能布局

浦东新区是中国在人口密集地区的改革试验。一方面浦东新区可以依靠上海市的科技人才优势、产业基础优势和特大型中心城市的综合服务优势；另一方面，浦东新区在当代又处于中国经济发展最快的长江三角洲的核心地位，有着巨大的市场空间与发展腹地。

七、创建新的行政管理模式，营造良好的软环境

1993年，浦东新区建立了专门的新区管理机构——浦东新区管理委员会，创建了行政管理新模式，浦东新区不设行业管理部门，职能部门实行大系统整合，简化审批手续。这意味着要做好职能设计，政府向简政放权、高效服务的职能转变。

浦东新区开发的过程中，注重国际资本、国际人才等高端资源的引入，以及学习借鉴国际先进的理念和管理经验。新区管理运作规范且有长期同国际接轨的经验。以张江高科技园区为例，实施"政企分开"的开发体制，采取政府主导或指导、市场运作的方式，充分发挥国资、民资、外资和高校等各种社会力量的作用，通过政府政策聚焦、国企市场化运作，引导创新要素集聚，实现资源效率配置优化。

小　结

纵观美国硅谷、日本筑波、中国深圳、中国浦东4个国内外创新发展的新区，既有共同之处，又在高端创新要素集聚方面具有一定的差异性，应当对各自的发展路径进行具体剖析（表1.2）。

表 1.2　国内外创新发展新区集聚高端创新要素的主要经验

城市	创新投资	创新人才	创新技术（广义）
硅谷	成功离不开风险投资与纳斯达克，通过双边做市商交易制度，为不被投资者熟悉的创新型公司提供充足的初创资金和估值定价	1. 依托高水平创新平台引进并培养创新人才；2. 依托宜居的城市环境吸引并留住人才	依托产学研融合实现科技与产业无缝对接。大学研究课题很多直接来自工业界，创新人才在大学等科研机构与企业间的流动十分频繁
筑波	依靠政府资助模式，特别是早期，例如筑波科技城，集中了约 1/3 的日本国家级科研机构和每年约 40% 的国家科研经费	为疏解东京人口密度，从东京引入人才	政府搬迁科研教育机构到筑波
深圳	1.90% 的科研投入来源于企业；2. 中国创投之都，全国 1/3 的创投机构和创投资本都在深圳，面向创客提供丰富的创投服务	1. 用改革优势、体制和制度优势吸引人才，移民城市；2. 宽松、友好的社会人才氛围，不拘一格用才人；3. "深研院"模式培养大批高学历人才	企业成为创新主体形的技术创新体系，90% 的创新型企业是本土企业，90% 的专利生产、研发机构、重大科技项目发明专利来源于龙头企业
上海	1. 融资渠道：政府借贷、盘活土地等存量资本、资本运作、社会资本；2. 资本激励创新的三级投融资体系；3. 成熟完善的金融市场和生产要素市场体系	1. 中外联合办学培养国际化高级管理人才，引入著名院校分院开设实用学科；2. 以重大工程为载体吸收国际高级人才；3. 为留学创业人员提供税收优惠、公寓、创业基金	引入国际化经营管理经验

　　不同创新发展新区的集聚路径差异，主要体现在创新发展动力和创新要素来源两个维度上。

　　（1）创新发展动力在不同的案例中有所不同，部分新区的动力来自内生，即出于自身发展的诉求，而另一部分新区的动力来自外生，即出于某种战略定位，被规划为相应的创新发展功能。

（2）创新要素来源则呈现出供给侧和需求侧的差异。一般而言，供给侧往往意味着由创新链牵引产业链，而需求侧则代表是围绕产业链部署创新链。

基于以上两个维度，不同地区集聚高端创新要素路径可以被划分为不同的类型，并对应到相应的象限中，呈现出不同的模式，分别是：硅谷模式、深圳模式、筑波模式和上海模式（表 1.3）。

表 1.3　不同地区集聚高端创新要素路径

		创新要素来源	
		供给侧	需求侧
创新发展动力	内生	硅谷模式 硅谷的创新要素是来源于斯坦福大学的知识溢出，而形成了创新链、产业链，即供给侧发力；其创新发展动力也是源自自身的内生发展诉求，而不断演化	深圳模式 深圳的创新发展动力是源自产业转型升级的内生诉求；并且，基于产业发展的需求，来输入、配置相应的创新要素资源
	外生	筑波模式 筑波的创新发展动力是外生的，源自国家对其发展定位的战略规划；"科学城"的目标定位，使之扮演了"创新要素供给侧"的角色，并逐步基于原始创新衍生相应的产业链	上海模式 在上海的规划中，张江被定位"高技术产业发展功能的核心承载区"，因而，其创新发展动力也是来源于宏观的规划；而其创新要素配置方式则是围绕产业需求，采用全球化资源导入型发展模式

一、硅谷模式：知识溢出驱动产业内生演化，形塑创新生态

美国硅谷从无到有，成为全球最大微电子产业基地，靠的是斯坦福大学的知识溢出，特别是技术成果的转移，进一步催生了相关技术研发企业的发展。并且，抓住了高新技术尤其是信息技术发展的历史机遇，高新技术的驱动是硅

谷发展壮大的根本动力。第二次世界大战后的电子工业技术的创新，即 20 世纪 60 年代的半导体技术、20 世纪 80 年代的个人电脑、20 世纪 90 年代的互联网均与硅谷密不可分，领导世界科技新潮流，并在人才、资金、市场等方面占据了主动权。

美国硅谷发展模式实际上是完全市场化的产物，从创新机制上看，硅谷首创了一种"科、技、产"三位一体的发展模式，通过这种三位一体的发展模式，形成了多层次、多渠道浑然一体的政府、创新企业、风险资本投资公司、学校和公共机构（基金会、非营利组织等）之间的网络式合作创新，这也是推动硅谷发展的重要内在动力。

从创新环境看，美国硅谷形成了独特的创新文化模式，这也是硅谷成功的最深刻而持久的因素。创新文化是硅谷高技术产业以及风险投资不断向前发展的核心文化所在。硅谷文化的精髓就是它的创业文化和创新精神，主要表现在硅谷公司生产结构的开放性和人才流动频繁。硅谷人对创业失败的容忍度很高，硅谷文化中把失败作为宝贵的财富，激发了员工大胆尝试、勇于探索的创新热情。硅谷是一个多元化的社会，无论人种语言，都可以在这里找到一席之地，才能和特长是决定个人位置的关键。

二、深圳模式：内生转型诉求驱动，以产业需求为导向集聚创新要素

对中国深圳市而言，初期作为一个后进入者，主要是从中国港澳台及东南亚地区引进技术。20 世纪 90 年代，本地企业基本完成原始资本积累之后，进入一个关键转型时期：或选择沿原有路径，继续从事加工或代工行业，分享产业链中间环节利润；或选择加大研发投入，力求掌握行业关键技术，拥有自己的技术专利及自主知识产权，占据价值链高端环节。在引进和转移的过程中，涌现了一批知名高新技术企业，如华为技术有限公司、中兴通讯股份有限公司、深圳市腾讯计算机系统有限公司等。这些企业的成功又形成了示范效应，激励更多的企业走创新之路，进而推动整个城市产业技术进步和结构升级。

深圳市高新技术产业从无到有，从小到大，从弱到强，进而成为城市经济

发展和科技创新的核心动力。在其快速由一个以出口加工贸易为主的工业城市变为一个以高端制造业和现代服务经济为主的国际性大都市的过程中，高新技术产业发挥了独特的作用，如对资本、技术、人才等高端产业要素的吸引，促进产业高端化、多元化、国际化发展等。在深圳不断融入全球产业和贸易体系的过程之中，以企业为主体，逐步建立起了以市场为导向、产业化为目的、政产学研紧密合作的自主创新体系，一批创新型企业快速成长起来，并成为引领国内及国际行业发展的领军者。

在 21 世纪第二个 10 年，进一步推进高新技术产业技术进步和结构升级，加快自主创新和国际化发展水平，是深圳城市创新的重要组成部分。以高新技术产业发展为视角，对深圳城市创新历程和实践进行解析，无疑是最佳选择，也最具代表性和说服力。

三、筑波模式：基于战略目标指引，研究能力支撑产业发展

日本筑波的规划建设，始于日本政府的战略转型。早在 20 世纪 60 年代，日本就意识到技术竞争的趋势，开始从战后"贸易立国"逐步转向"技术立国"的轨道，从强调应用研究逐步转向注重基础研究的方向，从技术模仿转向技术创新，并且采取了一系列政策措施。筑波科学城计划就是其中的一项重要措施。为了适应"技术立国"的需要，将日本政府所属 9 个部（厅）的 40 多个研究机构迁到筑波科学城，形成以国立试验研究机构和筑波大学为核心的综合性学术研究和高水平的教育中心，促进大型科学项目的研究。

日本建立筑波科学城的目的主要有两个：一是迎接科学技术革命和教育改革时代的需要，为实现高水平的研究和教育建立一个基地。这个基地的核心就是由从东京及其周围地区迁来的国家级、实验性的研究机构和教育机构，建立筑波大学，创造一个适宜实验性的研究和教育机构发展的环境。二是应付和减轻东京过度拥挤的环境，以一个有秩序的方式减轻首都密集地区的人口过度集中的压力，同时适当提高闲置土地的使用率，为首都地区经济均衡发展作出贡献。

基于自身强大的研究能力，筑波政府支持大学和科研机构通过成立科技中介机构等方式，接受大学及研究者个人委托，为大学科研成果申请专利，进行

技术营销，实施技术转移，有效地转变了筑波的发展模式，促进了政府、产业界和学术机构之间的相互影响，促使许多著名公司在筑波设立研究中心，带动新技术开发和新兴产业发展。

四、上海模式：宏观规划引导下，全球化资源导入型的产业集聚

中国上海市浦东新区，是长三角地区经济最发达、城镇化速度最快的地区，自 1990 年国务院宣布浦东开发决策以来，该新区逐步发展成为中国最受瞩目的大都市中心。其中，张江高科技园区是浦东新区高技术产业功能的集中承载区，其创新发展的动力离不开宏观规划的引导：1991 年国务院批准设立上海张江高新技术产业开发区，作为首批国家级重点高新区；1999 年上海市委市政府提出"聚焦张江"战略之后，张江高科技园区扩大范围形成"张江核心区"；2011 年 3 月 29 日，上海市委市政府颁发《关于推进张江国家自主创新示范区建设的若干意见》，明确提出要聚焦"五个突破"（体制机制、企业股权激励试点、人才特区建设试点、科技与金融结合改革试点和财税政策改革试点），举全市之力，聚各路英才，改革创新，先行先试，把张江建成战略性新兴产业核心载体、创新驱动和转型发展的示范区域。

在宏观规划的引导下，经过 20 多年的发展，以张江高科技园区为代表的浦东新区创新发展区域实现了发展理念、发展模式和发展重点的转变，围绕产业链布局创新要素，呈现出高端创新资源加快汇聚、具备国际话语权的重要创新成果加速涌现、创新型产业集群加快成长、创新创业环境逐步优化的趋势。在集成电路、生物医药、电子信息、环境、新能源等领域拥有一大批具有自主知识产权的新技术、新产品，已经成为我国最具实力和竞争力的国家高新区之一。

张江高新区作为典型的全球化资源导入型发展模式，从一开始就体现了市场化、国际化导向，体现了科技园区在集聚产业发展动力、激发创新活力、形成产业溢出和带动效应的市场功能等方面具有自己的独特性，并逐渐形成基于自身研发和产业集聚特征的发展优势。

第二章

上海市全面创新改革试验的总体特征

第一节　上海市全面创新改革试验的组织保障情况

上海市高度重视全面创新改革试验工作，按照国务院批复要求和《上海市系统推进全面创新改革试验 加快建设具有全球影响力的科技创新中心方案》的总体部署，系统推进各项改革措施落地。

一、加强组织领导，快速响应国家战略

上海市主要领导对于全面创新改革试验高度重视，亲自推动相关工作的落实。2016 年 3 月 30 日，国务院常务会议审议通过《上海系统推进全面创新改革试验 加快建设具有全球影响力的科技创新中心方案》。为传达落实国务院常务会议精神，部署相关工作，上海市于 2016 年 4 月 1 日召开市委常委会扩大会议。会上，市委书记韩正要求"举全市之力系统推进全面创新改革试验，全力以赴落实好国家战略"。会后，时任市长杨雄多次就改革试验工作提出要求，并赴有关部委开展对接。

二、推动"制度先行"，全面完善保障体系

上海市委市政府领导深刻认识到，制度保障对于全面创新改革试验的重要

意义和关键作用，将建立健全相关制度架构作为首要任务。按照中央精神，上海市结合工作实际，系统出台了"1+9+X"文件和实施细则，全面推进科创中心建设："1"是指《关于加快建设具有全球影响力的科技创新中心的意见》，明确了科技创新中心建设的目标和任务；"9"是指 9 个配套政策，涉及创新人才发展、科技成果转移转化、科技金融、国企创新、知识产权、财政科技投入、财政支持、众创空间、外资研发中心 9 方面；"X"是指与政策相关的操作办法和实施细则，目前已在优化人才资源配置，高校和科研院所科研成果使用权、处置权和收益权，建立市级财政科教投入联动管理机制，完善创新导向的国企业绩考核制度等重点领域取得突破。

上海市建立了由韩正书记担任组长的市推进科技创新中心建设领导小组，统筹推进科技创新中心建设和全面创新改革试验工作，每个季度召开一次领导小组会议。4 月 20 日和 7 月 5 日，韩正书记已两次召开领导小组会议，听取和部署有关工作，正在筹备召开第三次领导小组会议。市委、市政府专门发文明确了 2016 年 11 个重点专项、70 项重点工作，进一步细化落实每一项改革任务。

市发展改革委作为领导小组办公室，专门发文成立了委内各相关处室共同参与的协同推进机制，建立 5 个专项工作小组，由委内各相关处室牵头协调对口部门和区县，推进本市 70 项重点工作。委主要领导每月召开一次办公室会议，听取各处室牵头协调进展情况，推进落实相关工作。目前还在开发建设重点工作信息化管理平台。

三、明确责任分工，系统深化组织创新

上海市推进科技创新中心建设领导小组建立了"2+X"工作推进机制，明确责任分工。

"2"是指下设两个推进组，即张江综合性国家科学中心建设推进组及人才发展推进组。前者负责协调推进张江综合性国家科学中心建设和重大体制机制改革任务，由时任市长杨雄担任组长，市领导屠光绍、沈晓明、周波配合，日常工作由市发改委、市科委承担；后者负责协调推进创新创业人才发展工作，

由时任市委副书记、常务副市长应勇担任组长，市领导徐泽洲、时光辉配合，日常工作由市委组织部、市人社局、市科委、市教委承担。

"X"是指围绕科技创新中心建设重大工程、项目和政策的落实推进，建立若干专项工作组，由相关市委常委、副市长牵头，各相关部门负责具体推进。同时，市发改委作为领导小组办公室，专门发文成立了委内各相关处室共同参与的协同推进机制，建立5个专项工作小组，由委内各相关处室牵头协调对口部门和区县，推进本市70项重点工作。

四、建立例会机制，协调推进工作落实

上海市推进科技创新中心建设领导小组建立了工作例会制度。原则上领导小组每季度召开一次工作会议，总体部署、协调推进科技创新中心建设各项工作。2016年4月20日和7月5日，市委书记韩正已两次召开领导小组会议，听取和部署有关工作，进一步细化落实每一项改革任务，并强调了要从五方面推进科技创新中心建设。目前，正在筹备召开第三次领导小组会议。专项工作组根据有关重点工作推进情况，适时召开相关专题会议。市发改委主要领导每月召开一次办公室会议，听取各处室牵头协调进展情况，推进落实相关工作。目前还在开发建设重点工作信息化管理平台。

五、聚焦试点区域，着力部署重点专项

上海市聚焦张江综合性国家科学中心建设、探索建立科学合理的国家科学中心组织管理架构和运行机制；启动若干重大科技基础设施和创新平台建设；初步形成开放合作的国家实验室建设方案，争取率先承担国家实验室建设任务；高起点、高标准完成张江科学城建设规划，重大配套设施建设取得阶段性成果。上海市以系统推进全面创新改革试验为核心，开展科技金融财税、科技成果转移转化、知识产权保护和运用、产业技术创新、海外人才引进、人才体制机制等改革试点，并率先在张江取得突破。同时加快建设一批各具特色的科技创新集聚区，创新创业服务体系进一步完善，营造大众创业、万众创新的良好环境。

第二节 上海市全面创新改革试验的推进实施情况

上海市把加快建设具有全球影响力的科技创新中心作为实施国家创新驱动发展战略的重要载体和核心举措，坚持科技创新、体制机制创新的"双轮"驱动，以创新发展生产力，以改革调整生产关系。紧紧抓住落实国家全面创新改革试验的契机，聚焦牵一发而动全身的瓶颈问题，加快突破，努力激发城市创新活力。其中，针对国务院授权开展的 10 个方面先行先试改革事项，上海市全力推进，实现其从"设计图"向"施工图"，再到"效果图"的有机转化，从而加快建设具有全球影响力的科技创新中心。

一、对改革"设计图"进行系统化地谋篇布局

从"人""钱""平台"三个维度进行改革探索，推动具有全球影响力的科技创新中心建设。上海市全面创新改革试验的 10 个方面先行先试改革事项，主要旨在解决三个方面的问题，即"人"的问题、"钱"的问题和"平台"的问题。针对"人"的问题，聚焦于海外人才引进和创新主体激励两个方面，探索海外人才永久居留便利服务、股权奖励递延纳税、药品上市许可持有人制度试点等改革；针对"钱"的问题，聚焦于财税政策落实和金融服务创新两个方面，系统运用鼓励创新创业的普惠税制、高新技术企业认定、投贷联动、科技创新板设立、简化外商投资管理等政策工具，为创新主体降低创新成本并拓宽资金来源；针对"平台"的问题，聚焦于国家科学中心和新型研发组织两个方面，通过高端化的研究载体和平台建设，着力补足原始创新和共性技术等方面的短板，提高创新成果的数量和质量。

二、对改革"施工图"进行精细化地工笔细描

围绕改革创新类、落实执行类、实践探索类三类举措进行分类施策，形成具有复制推广价值的改革路径和经验。根据中央层面授权程度的不同，上海市对各类举措进行分类。首先，对于中央明确试点资格但未明确实施路径的举

措，积极改革创新，通过快速迭代推动海外人才引进、通过集成叠加推动离岸创业基地建设、通过综合配套推动药品上市许可持有人试点、通过机制优化推动药品审评审批改革、通过持续增量推动科技金融事业部建设、通过建设带动推动国家科学中心建设。其次，对于中央已经从制度层面实现突破的举措，稳步落实执行，通过制定配套实施细则落实创业投资天使投资税收优惠政策，通过精简操作流程并下放初审权落实高企认定政策，通过多部门聚力落实加计扣除政策，通过破除体制性瓶颈落实递延纳税政策。此外，对于中央尚未明确或存在制度障碍的举措，主动实践探索，在投贷联动、科技创新板设立和新型研发组织改革等方面，积极另辟蹊径，尝试通过新路径新方式实现改革目标。

三、对改革"效果图"进行梯度化分层勾勒

从举措完成度、目标实现度、可复制推广度三个层次，注重对改革的成效进行总结、凝练和推广，取得了良好的效果。上海市全面创新改革试验取得了一系列十分显著的成果：从举措完成情况上看，通过先行先试，在鼓励创新创业的普惠税制、改革股权托管交易中心市场制度、落实和探索高新技术企业认定政策、完善股权激励机制、开展海外人才永久居留便利服务等试点、改革药品注册和生产管理制度六个方面已落地实施，在探索发展新型产业技术研发组织、建立国家科学中心运行管理制度两个方面正积极推进中，在探索开展投贷联动等金融服务模式创新方面已在国家批复前开展了自主改革探索，完成度较高；从目标实现情况上看，通过财税支持政策和科技金融服务大幅降低创新创业成本，通过海外人才引进和创新主体激励大幅提升了创新主体活跃度，通过新型研发组织和国家科学中心大幅提升了创新成果产量和质量，有效地支撑了具有全球影响力科技创新中心的建设目标；从复制推广情况上看，海外人才引进、药品上市许可持有人试点、科技创新板等方面的改革举措及其所凝练出的改革经验，已经被列入了国家第1、第2批复制推广举措，向其他试验区域甚至全国范围推广，同时被纳入"百佳案例"中，成为全面创新改革试验的重要制度性成果。

第三节 上海市全面创新改革试验的进展成效情况

根据 2016 年印发的《上海系统推进全面创新改革试验 加快建设具有全球影响力的科技创新中心方案》，上海市力争通过 3 年系统推进全面创新改革试验，基本构建推进全面创新改革的长效机制，在科技金融创新、人才引进、科技成果转化、知识产权、国资国企、开放创新等方面，取得一批重大创新改革成果，形成一批可复制可推广的创新改革经验，破解科技成果产业化机制不顺畅、投融资体制不完善、收益分配和激励机制不合理、创新人才制度不健全等瓶颈问题，持续释放改革红利。其中，研究与试验发展（R&D）经费支出占全市地区生产总值比例和战略性新兴产业增加值占全市地区生产总值比例目标完成情况如表 2.1 所示。

表 2.1 上海全面创新改革方案中定量科技指标目标与完成情况

指　　标	分阶段目标 / %		实际完成 / %	
	2017 年	2020 年	2017 年	2018 年
研究与试验发展 (R&D) 经费支出占全市地区生产总值比例	>3.7	>3.8	3.98	4
战略性新兴产业增加值占全市地区生产总值比例	18	20	16.4	16.7

具体而言，R&D 经费支出占全市地区生产总值比例已提前完成，2017 年既已达到分阶段目标 2020 年 3.8% 的要求，2018 年更是达到了 4%。然而，战略性新兴产业增加值占全市地区生产总值比例则一直低于分阶段目标，至 2018 年也只有 16.7%，离 2017 年的目标 18% 仍有一定差距。由此，上海市出台《关于推进供给侧结构性改革促进工业稳增长调结构促转型的实施意见》，旨在提升工业供给质量和效益，提升上海市工业在全国乃至全球产业链、价值链和创新链的影响力，为上海市加快建设具有全球影响力的科技创新中心提供坚强支撑。

一、政府创新管理有了新机制，对科研和产业创新活动的不合理干预进一步减少

最大限度减少政府对创新创业活动的干预，为创新主体松绑。

着力降低创新创业门槛，在浦东率先对 160 多项行政许可事项开展证照分离改革试点，破解束缚市场主体经营活动的办证多、办证难问题，相关改革事项已在全国范围推动实施。增强科研单位经费使用自主权，允许市级重大科研项目开支科目不设比例限制，将竞争类科研项目直接费用中的预算调整权限下放给项目承担单位，允许项目单位可自主确定劳务费发放标准，进一步调动科研机构和人员的创新积极性。

率先实施药品上市许可持有人制度，全市已有 47 家申请单位提交 123 件、共 74 个品种的试点申请，申报品种中有 31 个具有自主知识产权、尚未在国内外上市的一类新药，有 34 个品种获国家药监局批准成为试点品种（含临床），其中有 9 个品种已获批上市，包括首家作为研发单位持有人的孟鲁司特钠咀嚼片，以及本土自主研发的抗肿瘤创新药呋喹替尼胶囊等。积极推进医疗器械注册人制度试点，通过先期指导和优化完善程序，加快产品上市速度，从正式受理至准予上市仅用 26 个工作日，比法定时限缩短 82%。

二、市场导向的科技成果转移转化有了新保障，各类主体的科技成果转化动力得到进一步激发

充分发挥市场在创新要素配置中的决定作用，着力打通科技成果产业化通道。

加快向高校、科研院所下放科技成果使用、处置和收益权，建立健全促进科技成果转移转化的成果披露、职称评定、岗位管理、考核评价、收入分配、激励约束等制度。已有 28 家理工类高校院所建立或修订了成果转化管理办法，16 家高校建立了独立的技术转移中心。上海市高校院所成果转化合同金额、合同数同比增长 109% 和 85.6%，作价投资方式转化项目同比增长 285%，形成了"学校预期收益＋事中产权激励＋团队自主创业"等一批特色模式。

加强技术转移专业服务机构建设，进一步与国际通行经验接轨，率先允许在科技成果转化净收入中提取不低于 10% 的比例用于机构能力建设和人员奖励，着力激发技术转移专业人员积极性。建设社会化专业服务机构，探索科技创新券用于转化全链条服务，汇聚服务机构 200 余家；羽墨、云孵、迈科技等一批多模式、高层次、高成长性的社会化服务机构脱颖而出。打造"全球技术转移枢纽"，国家技术转移东部中心布局海外分支机构 14 个、长三角及其他国内合作渠道 17 个，集聚本地合作机构 243 家，科技成果资源库内汇聚国内外成果 38218 项，其中含 17973 项海外高校专利成果。

加强立法保障，修订《上海市促进科技成果转移转化条例》，率先以地方立法形式明确界定成果转化净收入、高校直接对外投资方式等重大问题，建立了科技成果转化勤勉尽职制度等容错机制。探索新型产业技术研发机制，通过"机构式资助"、财政经费"退坡"等新型财政支持方式，培育了上海微技术工研院等一批市场化运作的非营利性研发机构，上海集成电路研发中心有望成为全球第二大集成电路共性技术开发平台。

三、激发创新动力的收益分配有了新制度，尊重知识、尊重创新、让创新主体获益的氛围进一步增强

强化利益导向机制，使科研人员的创新劳动与收益有效对接。

完善股权激励机制，开展股权奖励递延纳税试点。截至 2018 年末，上海市共有近 70 家企业享受股权激励递延纳税或延期纳税优惠，仅上海理工大学太赫兹项目递延缴纳个税就超过千万元。

促进技术类无形资产交易，率先建立了市场化的国有技术类无形资产可协议转让制度，探索实施非公开协议转让等交易新方式，国有技术类无形资产成交价值和速度明显提升。

适当放开高层次人才薪酬总量限制，在科技研究、技术应用等 7 个行业类别中试点，按照"聚焦人才、限定范围、薪酬自主、经费自筹"的原则，超出部分不纳入绩效工资总量，进一步加大了对高层次人才的吸引力和激励作用。

四、鼓励企业为主体的创新投入有了新办法，企业主体对创新投入的热情进一步增强

发挥金融财税政策对科技投入的放大作用，推动形成天使投资集聚活跃、科技金融支撑有力、企业投入动力得到激发的创新投融资体系。

天使投资方面，加强财政引导，成立了市级 20 亿元的天使投资引导基金，其中已有 8 亿元参股 35 家天使基金，带动社会资本 32 亿元。积极探索天使投资税收支持，允许将投向种子期、初创期的科技型企业投资额的 70% 抵扣当年应纳税所得额，全国首单天使投资个人所得税优惠案例成功落地。截至 2018 年末，已有 17 户合伙创业投资企业完成税收抵扣。

金融支持方面，开展投贷联动等金融服务模式创新，有效缓解科技型中小企业融资难问题。截至 2018 年末，上海市主要银行业金融机构累计为 549 家企业提供投贷联动服务，累计发放贷款 212.74 亿元。在上海市股权托管交易中心创设"科技创新板"，目前已有 223 家科创企业成功挂牌，其中已有 130 家次挂牌企业实现股权融资额 17.95 亿元，204 家次企业通过银行信用贷、股权质押贷及科技履约贷等实现债权融资 12.01 亿元。

激发企业投入动力方面，实施新修订的研发费用加计扣除高新企业认定政策。当前年度落实上年度加计扣除额同比 3 年前增长 86.1%，受惠企业数比上年增长 64.5%。全市高新技术企业享受所得税优惠额比 3 年前增长 32%。实施高企培育工程，将准高企纳入高新技术企业培育库，形成"发现一批、服务一批、推出一批、认定一批"的培育机制。

五、创新人才发展政策有了新突破，培育、引进、使用和评价人才的环境进一步优化

按照"来得了、待得住、用得好、流得动"的要求，制定实施人才政策"20 条""30 条"等政策举措，着力打造创新人才高地。

大力吸引集聚海外人才，开展海外人才永久居留便利服务试点，率先探索海外人才永久居留的市场化认定标准和便利服务措施，允许国外留学生毕业后

直接在沪创新创业。近3年共办理外国人来华工作许可证13万余份，其中外国高端人才（即A类）2万余人，占比18.63%，发证数量及引进质量稳居全国第一。在沪创新创业的外国人达21.5万人，位居全国第一。

优化国内人才引进政策，人才引进梯度政策体系基本形成，科研人员双向流动通道基本打通，近3年户籍直接引进高层次人才和紧缺急需人才2万余人，居住证转办常住户籍3万余人，新办居住证积分13万余人，在沪两院院士达173人。

完善科技创新专业技术职称评聘办法，按工程技术应用开发、高新技术成果转化、基础研究等领域实行职称分类评价，调整完善评审标准和评价要素，弱化学历、论文等评价权重，强化创新创造业绩评价导向。对科技创新业绩突出、成果显著的优秀专业技术人才，不唯学历、不唯资历、不唯职称，可破格申报高一级职称。

探索下放职称评定到行业领军企业，将集成电路专业高、中级职称评委会下放到龙头企业华虹集团，组建涵盖集成电路设计、制造、封测和材料设备等全产业链的专属评委会，2018年集成电路高评委共受理23人，中评委共受理148人，进一步支持集成电路产业发展并完善了专业技术人才评价体系。

六、推动跨境融合的开放合作有了新局面，创新要素的跨境流动便捷度进一步提高

充分发挥自贸试验区制度创新优势，营造更加适应创新要素跨境流动的便利环境。

大力吸引境内外研发机构落户，制定实施支持外资研发中心参与科创中心建设的16条意见，在沪外资研发中心达到444家，位居全国首位。加快集聚国际知名孵化器和创投机构，成立了中以创新中心、中新创新中心，XNode、WeWork、英特尔孵化器、微软孵化器等一大批国际知名机构落户。创新跨境研发监管模式，成立张江跨境科创监管服务中心，通关时间从2天缩短到6~10个小时。

推动各类研发创新机构全球布局，完成一批移动互联网、生物医药、集成

电路等领域境外并购项目，临港集团、张江高新区在海外设立分园，探索实践"全球孵化"，通过支持企业收购境外企业，取得核心技术或人才，把引进来的既有优势和走出去的阶段性成果形成有效的闭合循环。

探索外资股权投资管理新模式，吸引优质资本促进人民币股权投资基金行业发展，上海市累计共有 23 批 64 家企业获得外商投资股权投资企业试点（QFLP）业务资格，试点基金总规模 113 亿美元，获批外汇额度 93 亿美元，国际知名股权投资机构包括 TPG、凯雷、黑石、华平、软银等积极参与上海 QFLP 试点，行业范围主要集中在医疗器械与生物医药科技、人工智能、互联网与信息科技等领域，引导境外资本深度助力上海市产业转型升级和科技创新中心建设。

第三章

上海市全面创新改革试验先行先试举措的分析

首先应确定改革力度和制度空间的定义。

改革力度：主要衡量地方政府突破现有体制机制的意愿、决心和力度强弱，其所反映的是改革创新的主观条件。

制度空间：主要指地方政府改革创新可以选择的制度范围，即在什么范围、界限或原则条件下进行改革，改革创新的制度余地有多大，其所反映的是改革创新的客观条件。

根据改革力度的强弱和制度空间的大小两个维度，可以将上海市全创改的先行先试举措的推进方式分为如下四类（表3.1）。

表3.1 上海市先行先试举措的推进方式

		制度空间（国家层面）	
		大	小
改革力度（地方层面）	强	改革创新类 内涵界定：受国家委托，本试验区积极承担改革试点任务，开展先行先试，其所开展的改革举措对现有的体制机制有较大程度的突破 评估要点：主要关注央地联动共同突破的做法	实践探索类 内涵界定：现行的改革举措往往与国家层面相应的制度和战略相抵触，难以从地方政策进行正面突破；但是，试验区围绕改革目标进行相应的部署，默许或鼓励市场主体、社会主体开展实践路径的探索、创新 评估要点：主要关注在制度瓶颈或政策风险的背景下，地方如何采取变通式做法

续表

		制度空间（国家层面）	
		大	小
改革力度（地方层面）	弱	**落实执行类** 内涵界定：从国家层面而言，改革举措已经开展，并以制度形式予以固化，地方层面只需按照国家要求在相应制度框架内落实执行，优化细节与流程，保障落地无须做根本性的制度创新 评估要点：主要关注地方的政策落实效果及其创新做法	**推进障碍类** 内涵界定：此类举措往往受制于国家的总体性制度安排，难以突破；地方政府在出台相关的方案后，则是等待国家的进一步授权，而并未有进一步的行动 评估要点：主要关注问题难点和政策堵点

上海市先行先试举措的经验及问题分析见表 3.2。

表 3.2 上海市先行先试举措四类推进方式的经验及问题分析

推进方式	改革举措	特征归纳（改革亮点/政策堵点）
改革创新类	海外人才永久居留便利服务试点	迭代更新式改革
	海外人才离岸创新创业基地	集成叠加式改革
	探索开展药品审评审批制度改革	机制优化式改革
	药品上市许可持有人制度改革	综合配套式改革
	支持银行业金融机构成立科技企业金融服务事业部	持续增量式改革
	建立符合科学规律的国家科学中心运行管理制度	建设带动式改革
落实执行类	落实对包括天使投资等创新活动投资的税收支持政策	做"加法"：举措配套
	落实探索高新技术企业认定政策	做"减法"：简政放权
	落实新修订的研发费用加计扣除政策	做"乘法"：多维聚力
	落实并完善股权激励机制	做"除法"：破除瓶颈

续表

改革举措		特征归纳 （改革亮点／政策堵点）
实践探索类	探索开展投贷联动等金融服务模式创新	差异化试点＋底线式思维
	支持上海股权托管交易中心设立科技创新板	规定动作"不折不扣"＋自选动作"先行先试"
	探索发展新型产业技术研发组织	正面"单点突破"＋外围"另辟蹊径"
推进障碍类	简化外商投资管理	改革举措本身存在较大风险隐患
	新设以服务科技创新为主的民营银行	改革主体自身存在先天缺陷不足
	为开展股权众筹融资试点创造条件	上级监管部门尚未给予充分授权
	探索设立服务于现代科技类企业的专业证券机构	外在环境条件突变延缓改革进程

第一节　改革创新类举措（改革力度强，制度空间大）

此类举措往往能够在真正意义上对既有体制机制形成一定的突破，而且中央层面授权较为充分，地方层面也能够积极主动地予以推动，但是值得一提的是，此类举措往往局限于一些特定的领域，诸如药品上市许可持有人制度改革、海外人才永久居留等。因为其主责部门较为明确，与其他政策的交叉较少，改革所牵涉的利益相关方也较为有限。

一、迭代更新式改革

在海外人才永久居留便利服务试点改革方面，上海市采用了"小步快走"的方式，注重快速迭代更新，不断通过央地联动和区域互动的路径进行改革经验学习，不断出台新的政策文件，以制度的形式巩固新的改革成果（图 3.1）。

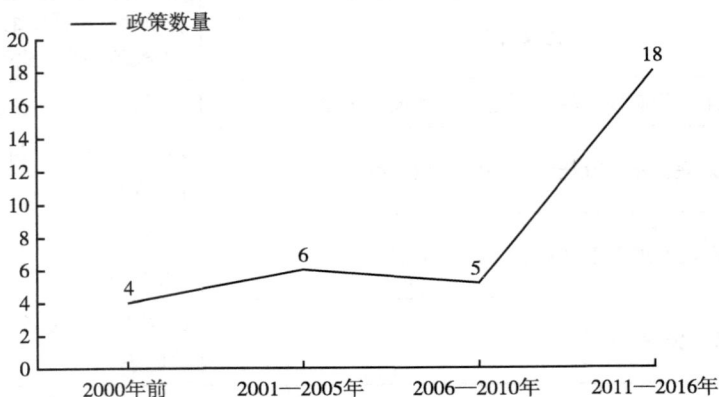

图 3.1　上海市出台的创新创业人才政策数量

从实施路径方面看，上海市的该项改革呈现出以下特点：① 改革举措迭代更新频率快。自 2015 年"科创 22 条"发布以来，上海市依次出台了"人才 20 条""人才 30 条""浦东人才发展 35 条"等文件。其中，"人才 20 条"是上海首推促进人才创新创业的政策"组合拳"，聚焦引进、培养、评价、激励等环节，为上海市科技创新中心建设提供人才支撑和智力保障。而"人才 30 条"则是在涵盖"人才 20 条"的基础上，针对海外高层次人才引进、人才管理、创新创业激励、环境营造等人才发展体制机制的关键问题。在以往政策基础上进行再完善、再突破、再创新，是"人才 20 条"的"优化版、加强版、升级版"。实施举措不断创新，政策体系不断完善，改革成果不断通过制度化方式得到巩固。② 注重分层试点。上海市级政策不断更新的同时，也为浦东新区、张江国家自主创新示范区等区域量身定做相应的先行先试举措，从而为全市范围内的推广提供经验参考。③ 突出央地协同。公安部和上海市政府建立了部市协作机制，先后推出了 25 项支持上海科创中心建设的出入境政策措施，持续推动科创中心建设，并在张江国家自主创新示范区建立了联系点。④ 强化区域联动。在改革过程中，上海市和北京市两大科创中心之间密切互动，特别是在外籍人才引进方面，两地相互学习政策经验，进行自我迭代创新，实现了良性的联动。

海外人才永久居留便利服务试点

1.问题导向

对标具有全球影响力的科技创新中心建设目标，上海市在吸引全球创新创业人才方面存在一系列瓶颈：一是吸引全球人才规模和力度亟待提高。在吸引和集聚人才的规模上，上海市与发达国家、全球城市创新中心还有较大差距。在国际大都市常住人口中，外籍人员的比例至少超过10％，如美国纽约市的外籍人士比例超过1/3、英国伦敦市的比例近40％，而2013年上海市境外人士仅占常住人口的0.73％。"上海市的高校、科研院所中，外籍人才非常紧缺，即使在外资研发中心，也是以国内科技人才为主，外籍科技人才一般低于10％"；二是人才引进政策亟待疏通。永久居留证制度门槛高、申请渠道不畅通、流程长，缺少海外人才特别是顶尖人才评估机制以及特殊人才的认定机制、引进机制，海外人才年工资、个税标准高，申请外国专家证和外国人就业证时存在窗口分隔现象，来沪外国留学生毕业后无法直接留沪就业；三是人才创新创业支持政策亟待完善。外籍人才（包括外籍华人、获得永久居留权的外国人）无法以内资人的身份用人民币进行工商登记注册，只能以外资身份注册，其投资、经营范围就会受到限制，无法有效参与基因检测等涉及安全及自贸试验区负面清单确定的领域。

2.改革进展

2015年5月，上海市发布《关于加快建设具有全球影响力的科技创新中心的意见》（即"科创22条"），提出"缩短外籍高层次人才永久居留证申办周期。简化外籍高层次人才居留证件、人才签证和外国专家证办理程序。对长期在沪工作的外籍高层次人才优先办理2~5年有效期的外国专家证。建立外国人就业证和外国专家证一门式受理窗口，对符合条件的人才优先办理外国专家证，放宽年龄限制。开展在沪外国留学生毕业后直接留沪就业试点。完善上海市海外人才居住证（B证）制度，降低科技创新人才申请条件，延长有效期限最高到 10 年。"等一系列改革任务。

上海市于 2015 年 9 月出台的《关于深化人才工作体制机制改革促进人才创新创业的实施意见》（即"人才 20 条"）和 2016 年 9 月出台的《关于进一步深化人才发展体制机制改革加快推进具有全球影响力的科技创新中心建设的实施意见》（即"人才 30 条"），针对海外人才引进政策，进一步细化相关举措：一是优化永久居留证申办条件，扩大申办范围，取消对申请人就业单位类别和职务级别限制，放宽居住时限要求，健全完善市场认定人才机制；二是完善永久居留证申办途径，探索从居留向永久居留转化衔接的机制；三是充分发挥 R 字签证（人才签证）政策作用，扩大 R 字签证申请范围，扩大外籍高层次人才在口岸和境内申请办理 R 字签证的范围，为其提供入境和停居留便利；四是实施外国留学生毕业后直接在上海创新创业政策；五是进一步简化来上海市创新创业的外国人入境和居留手续；六是制定实施港澳居民特殊人才及家属来上海市定居政策；七是完善上海市海外人才居住证（B 证）制度；八是加快推进外国专家证和外国人就业证"两证合一"试点，建立一口受理机制，为外籍人才来沪工作提供更大便利。

2018 年 1 月，《"上海出入境聚英计划"（2017—2021）》获得公安部批准，正式签署实施，推出三项出入境新政：一是为顶尖科研团队中的外籍核心成员申请永久居留提供便利，即授予顶尖人才自主推荐权，为其组建科研团队提供支撑；二是允许"双自"和"双创"外籍人才兼职创新创业，即突破外国人只能在一家单位工作的限制，为外籍人才充分施展才能提供更加广阔的舞台；三是为全球外籍优秀毕业生来沪发展提供长期居留和永久居留便利，即外籍优秀毕业生凭毕业文凭即可直接申请 2 年期居留许可，连续工作满 3 年并满足一定条件的，即可申请永久居留。

2018 年 4 月，浦东新区制定《浦东新区关于支持人才创新创业促进人才发展的若干意见》(即"浦东人才发展 35 条"),指出"率先试点上海自贸试验区顶尖科研团队外籍核心成员申请永久居留新政。为全球外籍优秀毕业生创新创业提供长期居留、永久居留便利。深化上海自贸试验区外籍高层次人才、外籍华人申办永久居留机制。为上海自贸试验区企业聘雇的外籍人才提供人才口岸签证申请便利。"同时,鼓励外籍人才到自贸试验区工作,落实外籍人才创业国民待遇。

除此之外,公安部和上海市政府建立了部市协作机制,持续推动和支持上海市科技创新中心建设,并在张江国家自主创新示范区建立了联系点,为吸引海外人才开展政策试点,为服务企业发展和科技创新提供经验。近三年,公安部先后推出了 25 项支持上海市科技创新中心建设的出入境政策措施,成功吸引了一大批外籍高层次人才和创新创业人才。其中,有 6 项政策为张江国家自主创新示范区量身定做,赋予张江高新区管委会对外籍高层次人才申办永久居留的推荐权,以及对外籍华人在张江创新创业满 4 年后申办永久居留的认定权等,为张江外籍人才出入境和申办永久居留提供便利。

在实际的公共服务层面,上海市人力资源与社会保障局设立了《外国专家证》和《外国人就业证》一门式受理窗口。上海市公安局及自贸试验区分局出入境接待大厅增加了外国人永久居留受理、签证、居留许可受理窗口并提供自助服务设施,在居住证管理方面对符合条件的自动延长居住期限。上海市公安局、人社局和外专局在外高桥保税区设立了"举一窗口",将原来需要分别到以上 3 个部门办理的 12 类 20 余种业务,通过"一口办理,一并发证",简化办理流程,办理时间可减少 3~5 天。在公安部指导下,加快推进"互联网+政务服务",开发完善新版外国人永久居留系统,并在上海市先行先试,为外籍人才申办永久居留开通网上预约绿色通道,全面提升外籍人才办证服务体验。①

---

① 根据《"上海出入境聚英计划(2017—2021)"》整理。

3. 改革亮点

一是开辟人才申请永久居留的市场化渠道，上海市人才引进政策最大亮点是坚持人才引进市场导向，推动人才引进由体制内评价为主向市场化评价为主的转变，以市场评价方法统筹体制内外人才引进条件，进一步确立人才引进的市场主体评价权，通过取消就业单位类别和职务级别限制、放宽居住时限要求、挂钩工资和税收等途径，建立由市场主导、门槛透明简洁的人才申请永久居留市场化渠道，运用薪酬评价、投资评价和第三方评价（行业协会等）等市场化方法引才聚才。

二是逐步下放人才永久居留推荐权，上海市公安局会同市有关部门于2016年下发的《关于外国人市场化渠道申请永久居留收入及纳税标准的评定管理办法》规定符合条件的外国人经工作单位推荐，可以申请在华永久居留。2018年4月出台的《浦东新区关于支持人才创新创业促进人才发展的若干意见》（"浦东人才发展35条"）则进一步突破性地将永久居留推荐权下放给承担国家、市重大项目的科研团队负责人。

三是突破了外籍人才引进的年龄限制。上海市新辟了"人才主管部门认定渠道"及"科创'职业清单'所属企业聘雇并担保的行业专门人才认定渠道"等两个外籍人才认定渠道，前者是由市人社局根据"外籍高层次人才认定标准"进行认定（符合标准的此类外籍人才，可不受60周岁年龄限制），后者则是市公安局、市人社局会同市科委、市经济信息化委、市商务委等部门出台的《上海科技创新职业清单》所属企业聘雇并担保，被上述两个渠道认定的外籍人才，可申请5年有效期的工作类居留许可（加注"人才"），工作满3年后，经单位推荐可以申请在华永久居留，这一做法解决了超过就业年龄的顶尖专家无法入境就业的问题。

四是实施签证和居留许可组合便利政策，支持外国留学生在我国高等院校应届毕业后直接在上海市创新创业，并进一步简化了来上海市创新创业外国人的入境和居留手续，对连续两次申办工作类居留许可且无违法违规问题的创业人员，允许申办5年有效工作类居留许可，使在上海市工作的外国人享受到更为稳定的居留预期。

五是配套推出服务上海市对外开放的出入境政策措施,允许外籍高层次人才聘雇外籍家政服务人员,使一些对家政服务人员有迫切需要的海外高层次人才更愿意选择留在上海市。同时,实施部分国家人员144小时过境免签政策,为构建长三角地区更为便捷宽松的商务旅游环境发挥了积极作用。

4. 改革成效

截至2017年末,上海市外国人来华工作许可业务办理量、《外国人工作许可证》发放量均居全国首位,其中,上海市的外国高端人才(A类)占比达到15.83%,远超全国平均水平。近两年来,上海市有726名外籍高层次人才获得了永久居留,6000人办理了五年期的居留许可,509名外籍高校毕业生办理了加注"创业"的实习签证和就业证件。仅2017年,上海市核发的《外国人工作许可证》就有34551份,约占全国的1/4,引进海外人才110426人。总体上,在沪就业创业的外国人达到21.5万人,占全国23.7%,居全国首位。面向海内外共集聚了包括中国的两院院士、诺贝尔奖获得者、美国科学院院士等在内的顶级科学家近500人(其中中国的两院院士达到173人)。在外籍人才眼中最具吸引力中国城市评选中,上海市连续六年排名第一。

5. 政策风险点

外国专家和外国人就业证"两证合一"后,强化了学历证明、强调了前雇主证明等,却不利于一些毕业时间较长和某些特殊领域(如航空)人才的引进,缺少针对全球顶尖人才的评估机制和特殊人才的认定、引进机制;外籍人才无法直接获得博士生导师资格,无法招收外国研究生、留学生,构建研究团队也受到多重制约,薪酬水平受绩效工资总额相关限制,福利待遇与国际惯例存在较大差距,全球人才创新创业面临诸多体制内制约因素;面向外籍人士的"单一窗口"办证范围仍然存在局限,外事、商务、工商、文化、教育、检验检疫等部门尚未加入,各部门信息共享还不充分,服务全球人才的满意度和获得感有待提升。

二、集成叠加式改革

在建设海外人才离岸创业基地方面，上海市注重把握建设具有全球影响力的科技创新中心的重要方向，抓住自贸区开发创新的重要契机，将基地建设作为重要抓手，整合不同领域的改革举措，建立"双自联动"机制，把全面创新改革试验和自贸区的优惠政策进行叠加，实现倍增效应。

中国（上海）自由贸易试验区海外人才离岸创新创业基地，围绕束缚海外人才来华或在沪创新创业的政策法规，开展先行先试和创新突破。离岸基地注重"三结合"机制，即将空间载体建设与体制机制创新有机地结合起来，将国内国际两种资源、两个市场有机地结合起来，将自由贸易试验区和自主创新示范区有机地结合起来。充分利用境外资源，并在落地后进行境内资源对接，为创新创业者提供服务（包括研发公共服务平台、招募人员、对接国内资本、联系上下游产业链，以及产业化服务），借助于自贸区优惠政策的溢出效应，实现"双自联动"，形成人才创新创业的"飞地"。

离岸基地建设的关键在于注重国际离岸研发中心与国内创新体系的有机整合与对接，在外有研发实体，吸纳当地技术，在内利用市场资源和产业资源，实现研发成果的快速本地化。同时，积极探索海外高层次人才创业项目在离岸企业注册、离岸业务税收、高新技术企业认定、知识产权认定等方面的制度创新，推动突破性政策的出台和实施。其中，离岸基地率先试点的外籍高层次人才技术入股市场协议机制，针对拥有重大创新技术的外籍高层次人才以技术入股方式在上海自贸试验区注册企业的情况，可简化程序，免于提交第三方评估文件。

海外人才离岸创新创业基地

1. 问题导向

最新发布的《2017中国海归就业创业调查报告》显示，海归人才已成为中国创新创业的生力军。然而，海归人才不熟悉国内情况，在公司

的注册、经营方面存在一定难度，会遇到融资困难、经营运行成本高、政府相关政策配套不齐、难以引进和留住适用人才等问题。同时，外籍创新创业主体也面临一系列进入门槛，如虚拟注册未落实、资金进出受限、技术入股评估难、人才引进非国民待遇等瓶颈问题。

针对上述问题，上海市启动海外人才离岸创新创业基地建设：2015年，离岸基地建设列入上海市《关于加快建设具有全球影响力的科技创新中心的意见》（即"科创22条"）和《关于深化人才工作体制机制改革促进人才创新创业的实施意见》（即"人才20条"）；2016年，《关于进一步深化人才发展体制机制改革加快推进具有全球影响力的科技创新中心建设的实施意见》（即"人才30条"）提出，要深入推进上海市自贸区海外人才离岸创新创业基地建设，建立多层次离岸创新创业支持系统，探索创新离岸创业托管模式，为海外人才营造开放便利的创业营商环境。

2. 举措内涵

离岸创新创业是指设在某国境内，但不受该国相关法规管制或者突破现有政策法规限制的机构、个人所进行的创新创业活动。从理论上而言，海外人才离岸创新创业基地的建设应当具有以下特征属性：①海外人才离岸创新创业基地是一个特设的区域，有相对自由而独立的特定空间，也就是经法律授权的特定离岸管辖区域[1]；②与在岸注册的创新创业公司不同，在海外人才离岸创新创业基地注册的创新创业公司不受东道国法律和税制的限制；③海外人才离岸创新创业活动是人才、资本、技

---

① 从国际经验来看，经法律授权的特定离岸法区，允许探索或实施与注册地不同的政策法规体系。这些特定离岸法区具有减免税务负担、无外汇管制、免签证等特点，适合科技创新企业、风险投资及全球企业家生活和工作。如果非本国居民的创新创业者在当地设立有限责任公司或股份有限公司的话，当地政府对其没有任何税收，只收取少量的年度管理费。同时，所有的国际大银行都承认这类公司，并为其设立银行账号及财务运作提供方便。

术等要素的跨境流动，这种流动是通过离岸或者以离岸业务形式完成的，自由度大、服务资源配置最全、成本负担最低、限制壁垒最少；④在海外人才离岸创新创业基地从事创新活动的海外人才能够获得常规情况下难以享受或获得的诸多优惠政策和利益。

3. 主要做法

作为全国首家离岸创新创业基地，中国（上海）自由贸易试验区海外人才离岸创新创业基地按照"不求所在、不求所有、但求所用"的原则，探索建立与世界接轨的离岸柔性人才引进机制，以国际化、专业化、市场化为原则，面向海外人才，构建低成本、便利化、全要素、开放式的空间载体①，探索"区内注册、海内外经营"离岸模式，以及突破物理时空限制的海内外高层次人才创新创业服务方式，打造具有引才引智、创业孵化、专业服务保障等功能的国际化综合性创业平台。海外人才离岸创新创业基地具有三大核心功能，分别是专业服务保障、海外高端人才和国际知名服务组织引进聚集、境内外创业孵化，成为集创业空间服务、创业生态服务、海外人才服务、创客社群服务为一体的一站式创业生态服务平台。离岸基地致力于以"基地总部＋合作空间＋伙伴计划"的运营模式，根据项目发展需求，多方引入合作资源，建立多元、丰富、专业的"合作伙伴"网络，搭建了"基础服务＋增值服务"的服务保障体系，构建离岸基地生态优势，满足不同创业需求的创客，能够为海外优质项目提供海内外预孵化、免费办公空间、创业导师辅导、行业资源对接、投融资咨询等完备的创业孵化服务，在海外人才签证、子女就学、住房就医等方面提供支持，打造保姆式服务体系，旨在"打造资本、信息、技术、人才等要素流动最自由、配置资源服务最健全、成本负担最低、限制壁垒

---

① 在上海自贸区，离岸基地首批实体平台设在浦东国际人才城、保税区人才大厦和陆家嘴创业街区。2016 年 8 月总部空间正式启用后，合作空间增至 7 家，第二批合作空间分别为中以创新中心、临港科创 1 号、上海芬华创新中心、维亚生物科技。另外，还有海内外合作机构或团体 28 家，第三方服务机构 16 家。

最少、最适合创新创业发展、最易接近创业成功的梦想之地"。

4.改革进展

上海市联合中国科协共同建设中国（上海）自由贸易试验区海外人才离岸创新创业基地，部署指导上海市科协、上海自贸试验区管委会、上海市浦东新区等研究制定建设方案，并具体实施。该项举措已经落地，工作机制基本形成，基地空间加快建设，从2016年8月正式开始运营，合作网络初步建立，项目对接已现成效。"继浦东国际人才城总部空间之后，张江中区总部空间的启用，可应对日益增长的入驻需求，并逐步实现基地自我'造血'的市场化功能"。

贝尔谢巴海外人才工作站于2017年6月在以色列挂牌成立，该工作站与Gav-Yam先进技术园展开深度合作，设立以色列创新创业联络站，在人才、项目、资本等高端"双创"资源上深入联动，打造成为浦东引进人才、技术和项目的"海外桥头堡"。该工作站将围绕张江的重点产业和"双创"工作，与Gav-Yam先进技术园加强产业技术创新合作交流，助推以色列关键技术在张江落地，也帮助张江企业面向全球开拓市场，实现双方在创新、资本、市场等方面的优势互补、合作共赢。

截至目前，基地拥有合作空间10家，海外站点13家，海内外合作机构/团体28家，第三方服务机构30家。

5.改革亮点

上海自贸区海外人才离岸创新创业基地的建设，成为上海市"双自联动"机制的重要抓手，把全面创新改革试验和自贸区的优惠政策进行叠加，实现倍增效应。一是基地通过"海外预孵化"机制，实现了海外人才的海内外双向注册，即通过设立以色列贝尔谢巴等海外站点，为海外人才、技术、项目等提供前置性、专业化的成果预孵化和技术转化服务，"可以在国内注册也可以在国外注册，不一定直接一步到位到国内进行登记，这就给了海外人才一个渐进适应的'试水'过程"，当孵化项目进入稳定的成长期，可以收购兼并的方式，进行产业整合或退出，并把创新项目引入上海集聚发展，使其"有个慢慢适应并不断做出工作和生活重心选择的过程，离岸基地的设立，让他们在'两头跑'的过程中不断完善项目，也让离家几十年的'老海龟'有一个再适应、再学习的成长空间"。二是基地突破了海外项目技术入股制度困境，以维亚生物为个案，发现自贸试验区操作实务中知识产权无法以协议方式入股是制约离岸创业企业发展的制度瓶颈，经建议和协调，在市商务委指导下，参照国内高新技术成果出资入股相关政策，自贸试验区有关部门已经开始就海外人才技术入股免于提交第三方评估文件进行先行试点，采用灵活的评估方式，促进海外项目的引进和发展，该项举措已经列入2018年发布的《浦东新区关于支持人才创新创业促进人才发展的若干意见》（"浦东人才发展35条"），成为率先试点的8项人才制度之一。三是基地针对海外人才创新创业所涉及的人才、工商注册、科技支持、金融税收等政策，进行系统化梳理，形成政策指南，明确各政策的核心要点，就政策落地实施进行细化分类，针对不同的受益人群，完善和更新配套政策服务，组织基地服务团队成员开展政策学习，提升专业服务能力。

6. 改革成效

截至目前，基地共签约海外合作项目184家，其中，电子信息和生物医药两大领域的项目较为集中，占到了总量的43%（图3.2）。基地的建设有利于充分发挥自贸试验区溢出效应，将自贸试验区开放制度优势转化为人才优势，以此充分激活浦东海外创新创业人才集聚的区位优势，促进海内外跨境创新资源要素流动，配套完善海外人才的创业服务，提升海外人才创新创业能级。

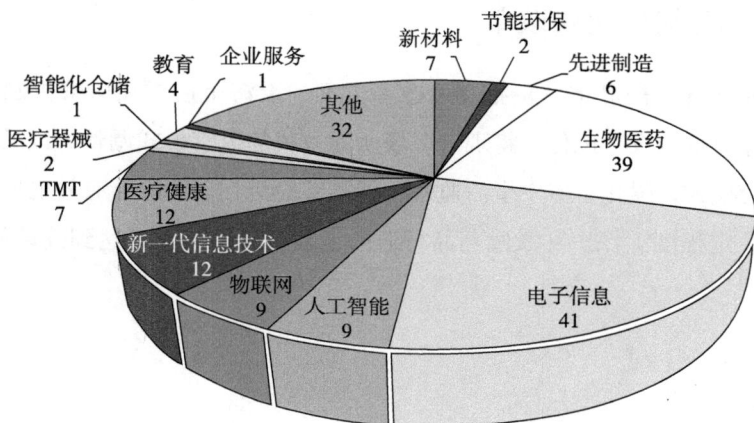

图 3.2　海外人才离岸创新创业基地签约合作项目数量

7. 政策风险点

通过注册一家境外离岸公司控股国内产业，并以该公司的名义进行境外融资及上市，可以极大地简化境外上市的运作手续。而且，离岸公司的资金转移不受任何限制，可以在全球范围内通过投融资，进行资金最优化管理。然而，由此可能带来诸多问题，尤其是形成"政策洼地效应"：离岸基地在政策等方面往往比其他类型的孵化器更具优势，但把握不好，会造成不公平，从而破坏上海的创新创业环境，对国内其他类型孵化器和众创空间形成冲击和挤压效应。而且，我国对海外人才离岸创新创业基地的设立及在基地内注册公司、经营、公司权益、国际金融机构服务、投融资等方面还没有国家和地方法律规定，这是目前海外人才离岸创新创业基地发展的最大瓶颈。

"离岸创业基地受商事制度、离岸税制等因素制约难以实施。工商注册方面主要是虚拟注册和注册地、经营地分离的问题。企业提出，离岸孵化基地的创业者往往是外籍人才，以境外经营为主，没有必要高成本租用在岸实体办公场地，若以集中登记的实体地址进行网上虚拟注册，又不符合注册地和经营地一致的规定。此外，跨境经营'走出去'则受到离岸税制、离岸投资等方面的政策制约，亟待突破"。

三、机制优化式改革

在探索开展药品审评审批制度改革方面，上海市注重在监管机制上做文章，通过对机制进行优化，将现有以场所为主线的监管模式调整为以品种为主线的监管模式，强化了事中事后监管，即能够对潜在风险进行有效的监管，同时也在一定程度上保护和激励药品行业的创新，从而有助于达到改革的目标。（图3.3）

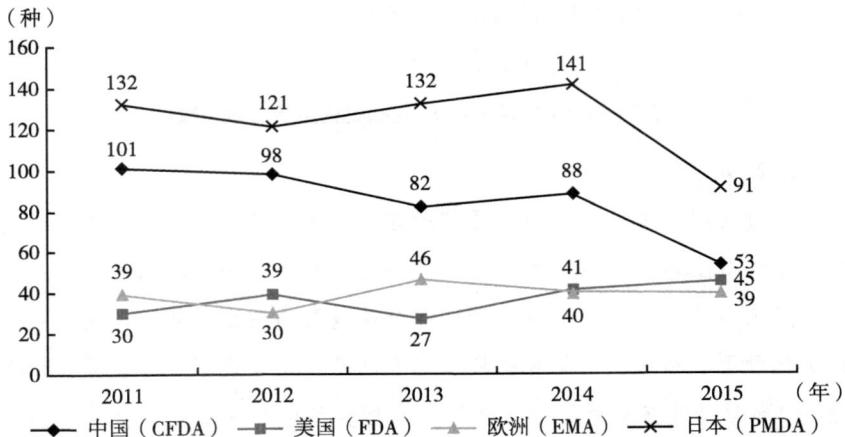

图 3.3 2011—2015 年主要国家药品注册审批情况

上海市食品药品监督管理局依托新组建的上海药品审评核查中心，为创新研发审评审批、加强事中事后监管提供全方位的监管服务。改变原先以场所为主线的监管模式，探索为以品种为主线的监管模式，特别是针对药品上市许可持有人的试点品种，建立"一品一档"，落实专人，主动提前介入、开辟绿色通道、实施全程跟踪服务。这一变化，意味着药品监管将摒弃旧有的部门分段监管模式，以药品为主线，将研发—注册—上市—生产—销售等各环节有机地统筹起来，形成全链条的监管体系。

探索开展药品审评审批制度改革

1. 问题导向

"我国目前的药品监管模式的特点是分阶段的过程监管。在药品生命周期的不同阶段，其监管过程大体上由国家和省级药品监管部门不同的处室及其对口技术支撑部门各自分别进行。也就是说，监管过程实际上划分成了药品注册、药品生产、药品流通、不良反应监测等若干监管业务条块。"

"在分阶段的过程监管模式下，各个监管部门负责各自业务条块的监管工作，不同监管部门之间缺乏有效的沟通，各监管部门与监管和服务对象之间亦缺乏有效的沟通，由此可能造成信息和知识闭塞，各业务条块的监管也容易产生监管漏洞，达不到理想的监管效果，从而影响相关法律法规的严格落实，现有监管资源的作用也难以得到充分发挥。此外，除 GMP 认证、跟踪和专项检查以外，我国目前对药品的监管还包括研制现场核查、临床数据核查以及各种专项检查等，这些核（检）查大多尚未明确以 GMP 为依据，药品生产与研发注册的监管尺度不统一，存在一系列的潜在风险。另外，我国参与药品监管的人员来自中央和地方各级药品监管部门，专业能力参差不齐；检查人员中有很多是兼职工作，经验不足，出勤和保障方面也存在问题；资料的审评、检查结果的量裁、整改情况的审核均可能存在尺度和水平不统一的情况，难以全面保证药品监管的质量；对检查员的培训、考核和奖惩制度亦较难整体统筹，不利于建立一支稳定的职业化、专业化检查队伍，影响了我国药品监管向世界先进水平靠拢的步伐。"

2. 举措内涵

我国药品监管以中央审批、地方监督的模式为主，中央到地方的各个业务条块虽能处理各自监管环节内的问题，但往往难以按照品种特点构建起强大的监管链条，在事前预防、事中监督、事后惩戒和基于品种进行事件总结方面的效果有待提高。

在我国医药行业高速发展、监管制度改革深入推进的新形势下，为保证药品质量和鼓励创新，食品药品监督总局不断深化审评审批制度改革，从多方面发力、多点突破向纵深推进，出台了一系列新的举措。2015 年以来国家食药监总局研究出台了一系列的规范性文件和征求意见稿，进一步将药品监管和行业发展推向全面规范和有法可依、有章可循的轨道。《药品管理法》和《药品注册管理办法》正在修订中，新的法律法规将从目前药品和企业捆绑、以生产企业为中心的监管状况转向秉持以上市许可持有人为责任主体、围绕药品进行监管的监管理念，凸显以品种为核心、统筹药品全生命周期的新的监管模式的发展方向。通过对新的监管模式的探索，逐步实现药品全生命周期监管，以适应新时代下患者用药需求和医药行业发展。

3. 具体做法

为贯彻落实上海市《关于加快建设具有全球影响力的科技创新中心的意见》的决策部署，上海市食品药品监督管理局主动探索药品审评审批制度改革。2015 年，上海市出台《本市推进药品审评审批制度改革试点方案》，并提出实施"三个创新"，即创新药品审评审批模式，创新药物临床试验审评审批制度改革[①]，创新药物上市许可持有人制度。其中，创新药品审评审批模式是重点内容。

审评审批方面，在国家食品药品监督管理总局、上海市政府的指导支持下，上海药品审评核查中心于 2016 年 6 月 27 日在张江药谷挂牌成立，

① 上海市报送《上海市拟开展新药临床试验审评审批制度改革加强事中事后监管的试点工作方案》，启动推进四项具体改革任务：a. 探索药物临床试验机构分级管理制度；b. 探索构建监管部门的临床试验智慧监管平台；c. 研究建立区域伦理委员会；d. 推动上海市生物等效性试验机构能力建设。总局复函肯定并建议上海市局配合改革措施推进，在加强药物临床试验和临床试验机构的事中事后监管方面积极开展探索，形成可复制、可推广的经验和模式。

主要承担国家食品药品监督管理总局委托的药品审评核查任务，以及承担本市药品有关行政许可事项的技术评审和现场核查等工作，积极开展上海市药品审评核查人事制度改革，做好人才储备。中心的目标主要有：①建设国内一流、具有国际影响力的上海药品审评核查中心，争取成为国家分中心；②为上海高端制造、智慧制造的生物医药产业发展提供技术支撑，起到促进作用。但是，关于建设"国家分中心"的目标推进力度较弱，这方面主要受制于国家食品药品监督管理总局的事权下放问题。目前，药品的技术评审方面职能主要由国家药审中心统一标准、统一管理，与申请直接对口的注册核查，也是由国家统一布局，上海市药品审评核查中心仅能对产地、包装等变更事项进行评审。此外，根据药品技术转让 38 号文[①]，技术转让的审批工作主要是由上海市药品审评核查中心承担。在审评审批过程中，上海市药品审评核查中心也积极与国家食品药品监督管理总局对接，根据相关技术要求和指导原则，协调对相关药品生产企业进行指导。

监管核查方面，上海市对于持有人的原有监管模式是以生产企业为监管对象，而为了进一步适应药品上市许可持有人制度改革，覆盖对研发主体的风险防控和监管，上海市药品审评核查中心制定了上海市药品持有人事中事后监管制度，围绕加强信息公开、实施联合惩戒、实施监督检查、质量抽验、不良反馈监测、三位一体的统筹监管、综合监管，做了相关的规定。重点探索生物药品的全链条监管服务模式：一是建章立制再造流程；二是融合检查提升效率；三是加强研究提升能力。

除此以外，上海市还围绕药品审评审批制度改革开展了一系列工作：国家食品药品监督管理总局在张江举办首次"中国药物创新论坛"，开启审评中心与新药创新企业直接的大范围的沟通机制；国家新药审评中

① 《国家食品药品监督管理总局关于做好实施新修订药品生产质量管理规范过程中药品技术转让有关事项的通知》。

心在张江率先实施建立"国家新药审评张江视频交流中心",成为与国家新药审评中心之间最为有效最具可行性的沟通渠道;2017年8月成立了上海市食品药品监督管理局推进食品药品审评审批制度改革领导小组。

4.改革亮点

上海市药品审评核查中心积极发挥"5个平台"①作用,在强化事中事后监管方面开展先行探索,主要呈现以下几方面特征:①以品种为核心,药品生命周期各阶段监管有机融合;②实现监管工作的规范化、体系化,不再按业务条块拆分业务部门及人员,不再按药品生命周期阶段各自建立监管工作要求;③建立药品生命周期档案("一品一档",图3.4),全面整合品种数据、监管信息和知识库;④培养一专多能的复合型全职检查队伍,建立与药品全生命周期监管相适应的监管力量;⑤建立与监管和服务对象沟通的机制,规范与服务并举,促进信息交互,提高监管效能。

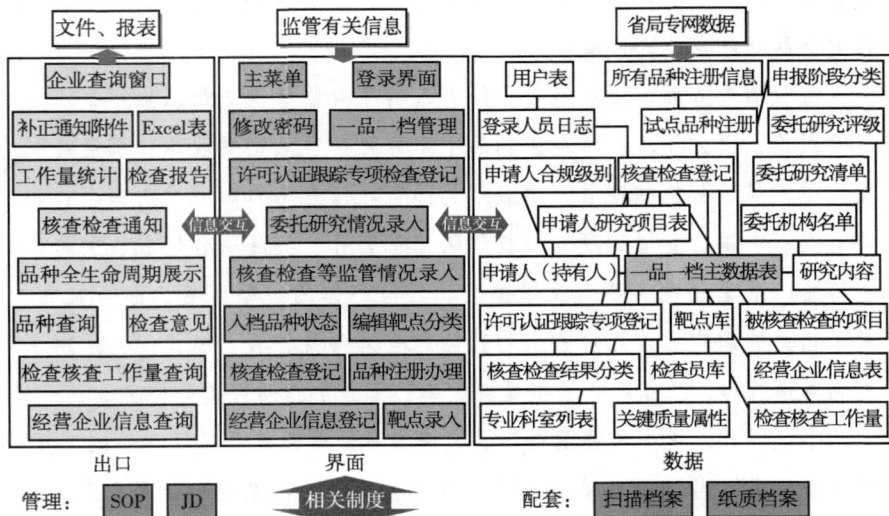

图3.4 "一品一档"系统图示

---

① 即药审改革和药品创新的技术服务平台、创新监管方式平台、智慧监管平台、国际接轨的质量管理平台、职业化专业化的人才平台。

四、综合配套式改革

在药品上市许可持有人制度改革方面，作为试点地区，上海市对改革框架进行"精装修"，对改革成果进行"深加工"，对改革经验进行"大总结"，形成综合配套改革模式，注重四个"有机结合"：将经济和科技有机结合起来，将改革和发展有机结合起来，将行业监管与产业培育有机结合起来，将解决本地实际问题与攻克面上共性难题有机结合起来，实现重点突破与整体创新，并进一步推动其上升为制度安排。

上海市药品上市许可持有人制度改革，不仅通过制定工作文件和积极宣传贯彻以不折不扣地完成国家层面的改革"规定动作"，而且通过设计了相应的配套"自选动作"，保障国家改革举措的顺利落地、提质增效：①组建创新联盟，搭建研发机构和生产企业参与的沟通交流平台，促进结对试点；②实施抓点推进，遴选了10家申报主体作为抓点对象重点推进，并涵盖创新药、仿制药、整体搬迁、委托生产、集团持有等全部的试点类型；③优化全程服务，专门成立药品上市许可持有人工作小组，对试点品种建立"一品一档"，落实专人跟踪服务。同时，为了进一步防控可能出现的风险，上海市进一步明确对持有人主体责任的"四个一"要求，制定质量协议签署的相关指南，推行"商业责任险＋风险救济资金"的综合风险救济模式，制定事中事后监管制度，推进跨省协同监管。

2017年12月，上海市出台《医疗器械注册人制度试点工作实施方案》，在上海自贸试验区内试点将生物制药 MAH 制度复制拓展至医疗器械领域。

药品上市许可持有人制度改革

1. 问题导向

根据《中华人民共和国药品管理法》，我国对国产药品实行上市许可与生产许可合一的管理模式，仅允许药品生产企业取得药品批准文号。这种药品注册与生产许可"捆绑"的模式弊端日益凸显。

一是药品研发创新动力不足。由于在原先的药品管理体制下，上市许可证和生产许可证被相互捆绑，二者缺一不可。因此，要实现医药研究成果的有效转化，研发者不得不自行筹资建厂，必须投资药品研究和发展的全过程，势必会大大增加研发者的经济负担，"从而导致他们无法进行药物更深层次的研究"；或者以短期利益为导向，选择"卖青苗"，在成果形成的早期，忍痛将其出售，进行技术转让，从而既无法深度参与并获得成果转化的红利，也不再关心药品的进一步改进和完善。甚至还有一些研发者"采用'暗箱操作'的手法私下多次转让、分段转让或'重复研发'，导致药品研发低水平重复和创新乏力等一系列问题"。

二是行业资源配置效率低下。一些生产企业为了追求利益最大化，甚至将"批文号"作为资本，在无视药品安全的前提下，不断扩大药剂生产的品种或建设新的生产线，导致低层次重复、低水平发展的表面"繁荣"，而实际上设备重复或空置浪费的混乱状况。更有少数企业"以剂型、包装、规格等不同为由重复申报批准文号，造成上市许可泛滥和空置，影响我国制药行业的良性有序发展和创新"。

三是相关主体法律权责不清。当前的药品生产许可制度难以落实药品全生命周期中的法律责任，药品研发主体、生产主体、经营主体以及医疗机构之间的权责并不清晰，责任界定出现"碎片化"现象，任一主体都无法对药品质量风险进行全过程监控并承担全部责任。"尤其是现行制度没有明确规定研发者的法律责任，导致研发者以技术转让为由将质量责任转移至生产企业，从而使药品质量无法自始至终地得到一致性保障，更无法有效地形成上市后药品的不良反应监测和改进"，从而难以真正地保护消费者。

四是政府行政资源浪费。"捆绑"监管虽然曾经起到了严格监管的作用，但由于该制度内在的不足，导致监管部门把大量资源浪费在低水平重复申报的审评审批上，无法形成有效的药品全生命周期监管，无力推动药品产业创新，也难以建立科学、有效的药品监管体制。

2. 举措内涵

药品上市许可持有人制度（Marketing Authorization Holder, MAH）是采用药品上市许可与生产许可分离的管理模式，允许药品上市许可持有人自行生产药品，或者委托其他生产企业生产药品。

2015 年 11 月，《全国人大常委会关于授权国务院在部分地方开展药品上市许可持有人制度试点和有关问题的决定》发布，明确授权北京市、上海市等 10 省市进行试点。国务院及国家食品药品监督管理总局也相继制定相应的文件，如《国务院办公厅关于印发药品上市许可持有人制度试点方案的通知》《总局关于推进药品上市许可持有人制度试点工作有关事项的通知》等。

3. 主要做法

上海市自 2012 年 7 月起就启动了关于"药品上市许可持有人制度"的课题研究，2015 年 4 月形成了初步试点方案并上报国家食品药品监督管理总局，同时积极参与国家食品药品监督管理总局对 MAH 的制度设计。2015 年 11 月，全国人大明确授权试点后，上海市迅速推行了七大配套改革举措，具体为：

（1）积极宣传发动，搭建平台组织企业结对试点。上海市多次召开培训和宣传会议，及时宣传贯彻国家最新政策，引导注册申请人申报成为持有人；组建了上海市药物创新企业促进联盟，搭建平台促进企业结对试点，得到了业界的积极响应，创新联盟已成为上海推进试点工作的骨干力量。2017 年 6 月 22 日，上海市举办"药品上市许可持有人制度高峰论坛"。会议邀请了国家食药监总局、美国 FDA 等相关领导进行主题演讲，并围绕进一步推动药品上市许可持有人制度试点、鼓励药物创新等热点议题进行了深入交流和探讨。

（2）结合上海市实际，在全国率先出台具体实施方案和办事指南。2016 年 7 月 25 日，《上海市人民政府办公厅关于转发市食品药品监管局制订的〈上海市开展药品上市许可持有人制度试点工作实施方案〉的通知》正式印发实施，并于 8 月 3 日在"中国上海"政府网站、市食药监局政务网站"药品上市许可持有人制度试点工作"专栏内对外公开发布，相关政策解读和《药品上市许可持有人注册申请办事指南》也同步公开上网。

（3）围绕落实企业质量管控责任，组织研究制定委托生产经营质量协议撰写指南。落实委托生产经营中持有人和受托方的质量管控责任，对强化风险防控，保障上市药品安全、有效、质量可控至关重要。为此，上海市组织相关行业协会，先后研究制定并发布《委托生产质量协议撰写指南》《委托经营质量协议撰写指南》，为企业落实质量管控责任提供指导。

（4）围绕落实企业质量安全责任承担能力，打造"专项资金＋商业保险"的风险救济模式。为最大限度保障患者权益，上海市试点持有人应当按规定购买商业责任险。由上海市张江高科技园区管理委员会出资设立 5000 万元额度的专项风险保障资金，对注册在张江核心区内的持有人和受托生产企业提供风险救济保障，对可能出现的风险实行先行理赔，并为企业购买商业责任险提供 30%~50% 的保费补贴。同时，上海市组织相关保险公司和企业，结合国内实际，制定了包括产品责任险、临床试验责任险以及错误与疏漏责任险、产品召回在内的一揽子商业责任险方案，为强化企业的风险承担能力提供了坚实保障。

（5）围绕提供高效便捷服务，组建上海药品审评核查中心，建立申报审查绿色通道。2016 年 7 月 13 日，上海市新组建了上海药品审评核查中心，为创新研发审评审批、加强事中事后监管提供全方位的监管服务。同时，专门成立了药品上市许可持有人工作小组，对试点品种建立

"一品一档",落实专人,主动提前介入、开辟绿色通道、实施全程跟踪服务。

(6)遴选试点对象,重点深入推进。上海市遴选了10家申报主体作为抓点对象重点推进,涵盖了创新药、仿制药、整体搬迁、委托生产、集团持有等全部的试点类型。同时明确试点单位应当通过建立"四个一"来落实质量主体责任,即一整套覆盖药品全生命周期的质量管理制度;一整套包括生产、销售、配送等委托质量协议;一支与质量管控组织架构相适应的管理团队;一整套切实可行的应急处置措施。

(7)围绕落实全程风险防控,研究制定事中事后监管制度。药品上市许可持有人制度对跨省委托生产销售明确监管责任、落实风险防控提出了新的挑战。为此,上海市积极组织力量开展了上市后监管的专题研究,起草了《江浙沪药品上市许可持有人跨省委托监管规定(试行)》,重点对跨省监管职责划分、协调沟通、联合检查以及案件查处等方面提出了细化要求,为事中事后监管提供制度保障。同时三省市签订药品检查机构战略合作备忘录,实现监管资源共享、检查人员互派、检查结果互认,提升监管能力。

4. 改革亮点

药品上市许可持有人制度试点主要的突破点有二:一是允许药物研发机构、科研人员提出药品上市许可申请并获得药品上市许可批件;二是允许上市许可持有人委托其他有资质企业进行生产、销售。

5. 改革成效

上海市的相关改革举措得到了国家食品药品监督管理总局的高度评价,多次召开MAH经验交流会议,充分肯定了上海市的改革成效。上海市的药品研发机构、生产企业积极申报参与试点。截至2018年5月底,该市已有39家申请单位提交了102件MAH试点的注册申请,涉及具体品种59个,有32个用于治疗肿瘤、代谢等重大疑难疾病的试点品种,是具有自主知识产权、尚未在国内外上市的"全球新"一类新药。申请单位覆盖了试点的全部 5 种类型，其中超过七成为研发机构；采取委托生产方式的占到 78%，跨省委托主要集中在江浙两省。对产业发展的促进作用也十分显著，2017 年上海生物医药产业的经济总量达 3046 亿元人民币，其中制造业主营业务收入达 1093 亿元人民币，首次突破千亿元大关。

同时，试点工作研究制定了一整套可复制、可推广的制度，并形成了相关案例。目前，试点实施方案、委托质量协议撰写指南指导形成了和记黄埔有限公司和上海合全药业股份有限公司等若干案例，安达保险有限公司、中国太平洋保险（集团）股份有限公司等 8 家公司相继推出了相应的商业责任险，专项风险保障资金已向 4 家研发机构提供相应的保费补贴。

6. 目标实现度

MAH 改革极大地激发了创新活力。参与试点的研发机构和生产企业均认为实施药品上市许可持有人制度将很好保护创新者权益，优化资源整合，减少低水平重复建设，加快新药上市；同时提高了持有人的主体责任意识，推动了供给侧的改革，激发了企业的活力，促进了上海生物医药产业的发展。据百济神州（上海）生物科技有限公司介绍，以其申请的某生物制品为例，实施上市许可持有人制度试点将为其节省约 5 亿元人民币建厂成本，预计产品上市时间可缩短约 3~4 年。据再鼎医药（上海）有限公司介绍，以其申请的某化学药品为例，实施试点将为其节省约 1 亿元人民币的建厂成本和 2~3 年上市时间。

随着药品上市许可持有人制度的全面实施，将会催生出一大批本土研发的创新药、明星药，更好地保障新时代人民对美好健康生活的需要；将会进一步激发上海药物创新研发要素集聚的优势，挣脱环境和土地资源限制，促进本市生物医药产业发展，助推科技创新中心建设；将会孕育壮大复宏汉霖、药明康德等若干个"独角兽"企业，促进强强联合、做强做大，进而推动长三角生物医药产业高质量一体化发展。

7. 潜在风险

由此可能引发的风险主要有三个方面：一是由药物研发机构、科研人员作为持有人时，其对药品生产、销售质量管控、药物警戒等缺乏相应的理念和经验，缺乏质量管理能力和风险责任承担能力。二是在委托生产、销售过程中，可能因甲乙双方相互职责不明、措施不力，造成质量管理脱节。三是对药物研发机构、科研人员开展全生命周期监管，缺乏现成的配套监管制度；监管对象及监管任务因试点而大幅增加，凸显监管压力；现有以场所为主监管模式需要调整为以品种为主线监管；跨省委托延伸监管将成常态，这些监管新要求都将造成监管部门的巨大压力。

五、持续增量式改革

在支持符合条件的银行业金融机构在沪成立科技企业金融服务事业部方面，上海市积极建立银行业科技金融专业化机制，推进科技金融专营机构建设，培育专业化的科技金融服务队伍，持续做大做强科技金融服务体系，创新专业化经营模式。

针对传统信贷模式对科技型企业的支持力度不足等问题，上海市积极引导和支持银行业金融机构建立专业化的科技金融服务部门。2015 年 8 月，上海市银监局发布的《关于上海银行业提高专业化经营和风险管理水平进一步支持科技创新的指导意见》中提出"六专机制"，其中突出了专营的组织架构体系和专业的经营管理团队建设。

经过两年多的运作，上海市辖区内银行业金融机构的专营组织和专业团队数量持续增长。截至 2017 年 12 月末，辖区内机构已设立科技支行 7 家、科技特色支行 89 家，拥有科技金融从业人员 1483 人，辖区内服务科技金融队伍力量不断壮大，相关业务规模持续扩大，服务科技创新的能力不断提高，创新生态体系正在形成（图 3.5）。

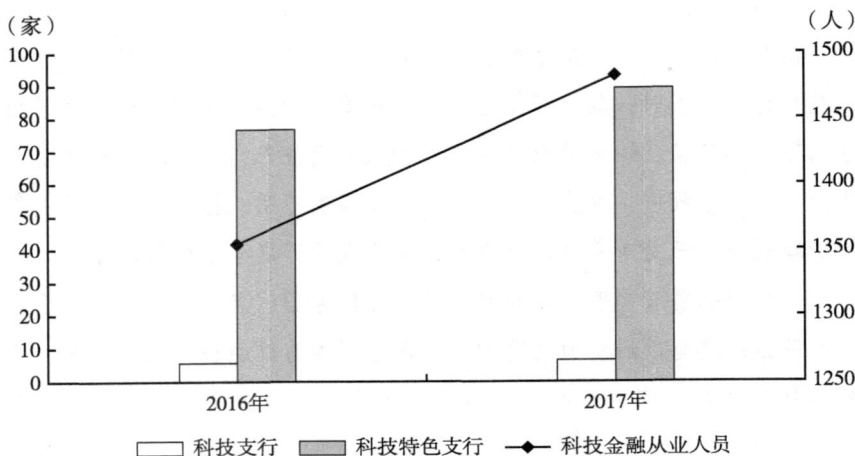

图 3.5　上海市科技金融专营组织和专业团队

支持银行业金融机构成立科技企业金融服务事业部

1. 问题导向

当前，金融服务科创发展的问题与短板还很多。从宏观环境看，银行业需要得到立法、财政、产业政策、国企改革、多层次资本市场等方方面面的协同配合，才能更好地发挥出应有的作用。从自身体制机制看，当前金融体制和运行环境还不能充分支持科创融资，银行业金融机构经营管理还不能充分适应科创需求，金融监管还不能充分平衡风险与创新的关系。弥补这些"短板"，需要多方合力，上下共建。

2. 举措内涵

上海市积极探索建立银行业科技金融专业化机制（"六专机制"），其中包括专营的组织架构体系、专业的经营管理团队、专用的风险管理制度和技术手段、专门的管理信息系统、专项激励考核机制和专属客户的信贷标准。

3.主要做法

上海市银监局通过"运用整体设计和全行业推进的策略，充分挖掘商业银行的优势和能力，通过体制创新、机制创新、业务创新和监管创新加大对科技创新支持力度"，建立上海市银行业"专业、联动、全面"的科技金融服务体系。

上海市银行业根据科技型企业，特别是初创期科技企业的信贷特点和风险特征，不断优化作业模式、风险补偿方式和风险分担机制，目前已普遍在内部资金成本核算、不良容忍度、尽职免责等方面建立起差异化政策。

上海市银监局参与制定上海市科技型中小企业和小型微型企业信贷风险补偿办法[①]，引导上海市银行业按照"分步、渐进"的方式，逐步提高小微、科技信贷不良率容忍度，对有关商业银行为符合条件的科技型中小企业和小型微型企业发放贷款所发生的超过一定比例的不良贷款净损失，由信贷风险补偿财政专项资金给予相应的风险损失补偿。截至2017年末，上海市有36家次商业银行获得信贷风险补偿试点资格，被认定的信贷风险补偿试点贷款产品共154种，试点银行累计获得补偿金额8598万元人民币，科技型中小微企业的信贷投入力度得到增强。

上海市银监局还通过持续引导上海市的商业银行做好与风险投资（VC）等专业投资机构以及政府部门和政策性金融机构、非银行金融机构、行业协会等各类社会组织和科研机构的联动，做到"政策、平台、工具、信息"四个对接。同时，指导银行业机构与各类组织结合自身功能定位，协同融通、分担风险、共享利益，契合科技企业生命周期，创新金融综合服务模式。

---

① 为最大限度减缓银行因风险损失而"不敢贷"的顾虑。

4.改革亮点

（1）从"常规军"转为"特战队"。传统信贷模式主要服务传统行业和成熟市场，流程、制度、产品等对于多数行业的普适性程度较高，但科创企业的技术领域和经营模式差异较大，相关金融服务具有个性化、差异化、定制化的特征。上海市银行业要不断地提高专业化经营能力，紧紧围绕自身业务发展规划，确定重点行业，做到精耕细作。在《行动方案》中，上海市银监局也明确了与市科委的企业库、专家库进行资源共享，为银行审贷科创企业时提供更好的支撑，解决银行从业人员"看不懂"科创企业的难题。

（2）从"单干户"转为"合作社"。传统信贷模式主要满足成熟企业的金融需求，涉及关联方较少。而金融服务科创要考虑全链条、多主体的职能对接，尤其在未实现产业化的"市场失灵"区域，这是国际公认的"死亡之谷"，更需要多种类型的经济组织合作，共同参与风险分担和利益分享。

5.改革成效

经过两年多的运作，上海市辖区内银行业金融机构的专营组织和专业团队数量持续增长。截至2017年12月末，辖区内机构已设立科技支行7家，科技特色支行89家，较2016年末增加12家，增长15.59%；科技金融从业人员1483人，较2016年末增加129人，增长为9.53%。7家科技支行共有科技企业客户1203户。其中，科技企业贷款客户数为240家，科技企业贷款余额97.34亿元，整体不良率为0.13%，低于全辖区不良率平均水平。

截至2017年末，上海市辖区内科技型企业贷款存量家数为5235户，较2016年末增加932户。其中，科技型中小企业4680户，较2016年末增加737户。年度贷款余额首次突破2000亿元大关，达到2071.27亿元，较2016年增长570.91亿元，其中，科技型中小企业贷款余额占比为 54.11%（图 3.6）。

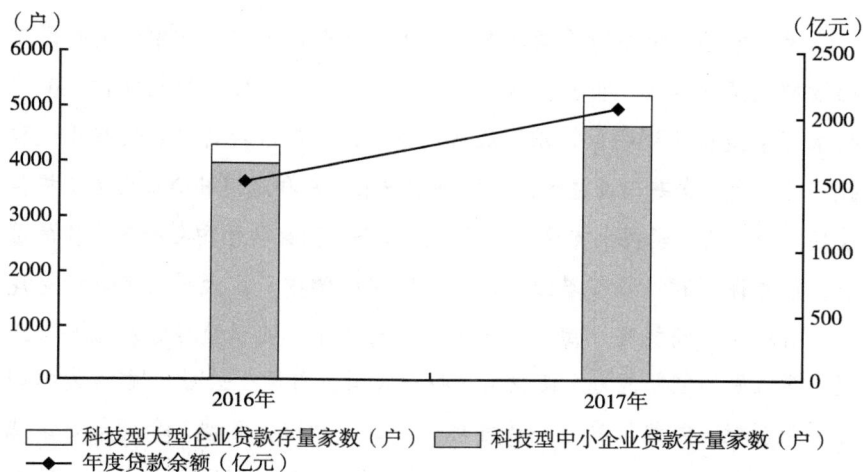

图 3.6　上海市科技型企业贷款存量客户数和年度贷款余额

六、建设带动式改革

在建立符合科学规律的国家中心运行管理制度方面，上海市牢牢把握张江综合性国家科学中心建设的契机，将改革任务嵌入在建设工作中，实现二者的交织融合，以建设促改革，不断探索完善重大科技基础设施运行保障机制，发起组织多学科交叉前沿研究计划，设立全国性科学基金会，实施科研组织新体制。

上海市通过前瞻谋划和系统部署张江综合性国家科学中心重大科技基础设施建设，同时在建设过程中不断发现问题、解决问题，特别是针对设施的建设运行所面临的体制瓶颈、大科学研究组织所需要解决的政策问题、基础科学研究所亟待克服的机制障碍等，提出并实施了一系列的配套改革方案，并通过改革进一步促进科学中心的建设。

建立符合科学规律的国家科学中心运行管理制度

1. 问题导向

大科学基础设施群是国之重器，张江综合性国家科学中心大科学基础设施就是这类国之重器，旨在为探索未知世界、发现自然规律、实现技术变革提供研究手段，从而突破科学前沿，解决经济社会发展重大科技问题。大科学基础设施既为解决科学技术前沿和经济社会重大需求提供长期、关键的科学技术支撑，也是张江综合性国家科学中心全部工作的基石。前瞻谋划和系统部署张江综合性国家科学中心重大科技基础设施建设，有助于不断提高上海科学研究与工程水平，实现重点领域融合与跨越，增强原始创新能力，使我国从科技大国迈向科技强国。"能否发挥国际顶尖功能，最终取决于一流管理。设计、建造、管理3个环节是设施的3个'串联'点，只有3个节点同时通畅，才能保障设施整体功能的发挥。"

2. 改革举措

（1）完善重大科技基础设施运行保障机制

上海张江综合性国家科学中心的重大科技基础设施产生了一批重量级科学成果，"积极支撑国内外科学家从事基础科学研究、关键技术研发，累计为1.6万名用户提供实验机时和相应服务"。并且，催生了上海光源二期、超强超短激光实验装置、软X射线自由电子激光用户装置、活细胞结构与功能成像等一批新设施。上海科技大学"牵头筹划硬X射线自由电子激光用户装置所需要的2千米隧道，这是国内迄今为止最难的土木工程之一"。

开展重大科技基础设施运行保障机制研究。上海科技大学牵头研究《推进重大科技基础设施管理模式改革》课题，探索设施集群的科学管理模式：从重大科技基础设施管理面临的对外开放、运营管理、经费来源和使用、人员评价激励等问题着手，吸纳发达国家同类设施的成功经验，突破原有条块相隔管理体制的束缚，探索体现"开放共享、标准引导、绩效考核、协同发展"理念的重大科技基础设施集群管理新模式。此外，硬 X 射线自由电子激光装置运行管理体制研究、重大科技基础设施资金投入模式研究 2 个子课题已形成研究成果。在李政道研究所探索实施委托第三方管理模式，高效低碳燃气轮机装置探索实现新的管理架构。

建立张江实验室。上海市聚焦"统筹、协调、推进"定位，建立健全各项工作机制，着力推动建设重大科技基础设施项目和健全运行机制，形成张江实验室建设方案，建立实验室院市合作共建机制，推动开展实验室管理机制、财政投入、用人制度、开放共享机制等方面的探索。积极与国家发展改革委、科技部等部门沟通，明确了科技部关于国家实验室建设推进思路，顶层设计自上而下，先期以量子信息科学国家实验室为模板，打造了国家实验室示范的样本。并进一步与中国科学院协商，逐步完成中国科学院相关院所人、财、物划转至张江实验室的工作。

（2）支持国家科学中心发起组织多学科交叉前沿研究计划

张江综合性国家科学中心现已发起多个大型研究计划。科技研究人员依托其所在单位，发起了一批重大科技计划，如上海科学家发起的国际人类表型组研究计划，得到了"国际代谢组之父"、英国医学科学院院士杰里米·尼科尔森等科学家的认可，彰显了上海的国际影响力。该中心将建立跨尺度、多维度的表型组学测量平台与执行标准，推动我国精准医学发展，引领国际生命健康和生物医药领域的发展方向。其他如能源领域行动计划、类脑智能科技行动计划、纳米科技行动计划等，正在积极推进中。

（3）探索设立全国性科学基金会，探索实施科研组织新体制

暂无进展。

（4）建立生命科学研究等事项的行政审批绿色通道

目前生物医药的研发样品、物料进出口批量小，不宜采取针对生产企业的"药品通关单"监管模式。建议创新生物材料、生物样本、化学试剂和试验用设备等出入境监管方式，提高跨境研发活动的通关便利化水平。实施风险分类分级的生物材料入境监管制度，强化企业作为安全风险防范第一责任人的意识。建立生物材料公共监管服务中心，实施保税存储、集中监管。鼓励符合资质要求的企业在自由贸易港内开设研发分支机构和嵌入式保税实验室。

第二节　落实执行类举措（改革力度弱，制度空间大）

此类举措通常是中央层面已有相应的改革举措出台，对既有的体制机制进行突破，对于地方政府而言，无须开展较大力度的改革，只要对中央的改革举措予以贯彻落实即可。在此类举措上，上海市注重在执行层面进行更加精细化地设计，从而既能够较好地落实执行中央政策，同时，能够通过流程细节的优化、配套政策的完善，切实地理顺政策的落地机制，使得政策效果更好地实现。上海市在落实执行方面体现出以下几方面实施路径：

一、做"加法"：配套制定实施细则和操作规范

上海市在落实对包括天使投资在内的投向种子期、初创期等创新活动投资的税收支持政策方面，采用了做"加法"的方式，围绕中央改革举措，配套制定实施细则和操作规范，打通改革的"最后一公里"。

围绕国务院"开展创业投资企业和天使投资个人税收政策试点"的决定和《财政部 国家税务总局关于创业投资企业和天使投资个人有关税收试点政策的通知》，上海市税务局及时配套了操作规程统一全市执行，旨在为纳税人提供清晰、透彻、易懂的税收政策解答。同时，为提高政策宣传与辅导的有效性与

精准度，全市一方面联系市证监局取得全市符合条件的创业投资企业名单，下发各区局进行点对点定向性辅导；另一方面，依托金三数据，筛选可能符合投资抵扣条件的被投资企业，为其自然人股东提供专项咨询。

经宣传辅导，2017年10月，上海圣剑网络科技股份有限公司及其4名自然人股东共同至上海市嘉定区税务局办理了天使投资个人投资额抵扣个人所得税备案事项，标志着全国首单天使投资个税优惠政策在上海落地。2018年5月14日，财政部、国家税务总局出台《财政部 税务总局关于创业投资企业和天使投资个人有关税收政策的通知》，将天使个人投资抵扣优惠试点政策推广至全国。

落实对包括天使投资等创新活动投资的税收支持政策

1. 问题导向

创业投资和天使投资是促进大众创业、万众创新的重要资本力量，是促进科技创新成果转化的助推器，是落实新发展理念、推进供给侧结构性改革的新动能。自"双创"提出以来，天使投资逐渐成为新经济的助推器之一，但由于相关激励扶持政策和风险分担机制的缺失，我国天使投资发展较慢。其中，税收政策一直是天使投资人关注的重点。

2. 国家政策

为进一步鼓励和支持创业投资沿着健康的轨道蓬勃发展，2017年4月19日，国务院常务会议做出决定，在京津冀、上海市、广东省、安徽省、四川省、湖北省武汉市、陕西省西安市、辽宁省沈阳市8个全面创新改革试验地区和苏州工业园区开展创业投资企业和天使投资个人税收政策试点。财政部和国家税务总局根据国务院决定，联合出台了《财政部 国家税务总局关于创业投资企业和天使投资个人有关税收试点政策的通知》，该文件规定："天使投资个人采取股权投资方式直接投资于初创科技型企业满2年的，可以按照投资额的70%抵扣转让该初创科技型企业股权取得的应纳税所得额；当期不足抵扣的，可以在以后取得转让该初创科技型企业股权的应纳税所得额时结转抵扣。"

3. 举措落实

为确保国家的改革举措顺利落地,上海市从几个方面着手:一是深层次培训。新政施行后,上海市组织全市各分局业务骨干进行多层次专题培训,深入学习政策要点,配套制定操作规程统一全市执行,旨在为纳税人提供清晰、透彻、易懂的税收政策解答。二是多维度宣传。通过税务网站、微信、微博、公众号、网上纳税人学堂等各类媒体进行宣传,专题举办"局长在线访谈"进行互动;同时,与张江高科、杨浦长谷创业园、各区创投企业开展交流会多轮宣传与讲解。三是精准性辅导。为提高政策宣传与辅导的有效性与精准度,一方面联系市证监局取得全市符合条件的创业投资企业名单,下发各区局进行点对点定向性辅导;另一方面,依托金三数据,筛选可能符合投资抵扣条件的被投资企业,为其自然人股东提供专项咨询。

4. 改革成效

2017 年 10 月,上海圣剑网络科技股份有限公司及其 4 名自然人股东办理了天使投资个人投资额抵扣个人所得税备案事项。备案完成后,享受投资抵扣优惠的天使投资个人卢某难掩心中喜悦,兴奋地表示:"得益于天使投资抵扣优惠政策,未来转让公司股权时,将可减免数十万元个人所得税,备受鼓舞!"

2018 年 5 月 14 日,财政部、国家税务总局出台《财政部 税务总局关于创业投资企业和天使投资个人有关税收政策的通知》,将天使个人投资抵扣优惠试点政策推广至全国。

二、做"减法":精简优化操作流程

上海市在落实和探索高新技术企业认定政策方面,采取了做"减法"的方式,围绕中央改革举措,精简优化操作流程,减少不必要环节。

2016 年，国家对《高新技术企业认定管理办法》《高新技术企业认定工作指引》两个文件进行了修订。上海市积极落实新政策，并在简政放权方面开展进一步的探索：一是建立"1+26"认定服务网络，将企业申报材料受理和形式审查职能下放给受理点，力求做到园区的事园区办结，实现了认定服务的区域化和便捷化；二是健全完善的认定工作流程和网络系统，建立全新的高新技术评审网络平台，推进专家评审库，优化操作流程，节省不必要的环节，节约更多的操作时间。

落实探索高新技术企业认定政策

1. 问题导向

高新技术企业认定是依据国务院 2008 年颁布的《中华人民共和国企业所得税法实施条例》中"国家需要重点扶持的高新技术企业，减按 15% 的税率征收企业所得税"开展的行政审批工作。但是，根据"上海高新技术企业科技创新政策"调查显示，上海市高新技术企业政策落实存在几方面问题：一是在认定条件上，自主知识产权界定范围较窄，科技成果转化项目要求数目较多，高新技术领域范围有待进一步扩展，部分指标难以确定；二是在优惠政策享受上，与软件企业所得税优惠、技术先进型企业税收优惠等政策之间交叉重复，与研发费用加计扣除、流转税、人才、金融等其他相关政策的联动不足；三是在优惠政策落实上，申报材料过多或重复，政策宣传培训还不到位；四是在相关中介机构培育上，专项审计会计师事务所专业性背景不足，代理服务机构发展缓慢。

2. 国家政策

2008 年国家分别发布了《高新技术企业认定管理办法》《高新技术企业认定工作指引》，并在 2016 年对两个文件进行了修订。国家科技部、财政部、税务总局设立国家高新技术企业认定指导小组，领导小组下设办公室，由三部门相关人员组成，办公室设在科技部火炬中心，承担相关工作。

3.举措落实

为确保国家的改革举措顺利落地，上海市从以下几个方面着手：

一是建立七部门组成的认定机构：受国家委托，上海市成立高新技术企业认定指导小组承接该工作，2016年出台的《高新技术企业认定实施办法》，该指导小组除了市科委、市财政、市国税、市地税，还吸收了市发改委、市经信委、市知识产权局作为认定部门，联合开展认定。7个部门在认定过程中各司其职，市科委组织申报并开展专家评审，市税务局对企业相关研发费用和高新技术产品收入开展审核，市发改委对企业相关诚信状态开展调查，市知识产权局对知识产权情况开展调查，各个部门联合工作，增强了高新技术企业认定效率和服务能力。

二是建立认定服务网络：建立了"1+26"认定服务网络，"1"是高新技术企业认定办公室，"26"是"高企认定"工作受理点，实现了认定服务的区域化和便捷化。明确各受理点和认定办的工作职责和关系：各受理点以形式审查为重点，加强对企业服务与指导；市认定办不直接受理企业申报材料，以管理为重点，组织开展专家评审、审核、多部门会商、公示、发证以及对各受理点指导、监督、检查和考核等管理工作，明晰的职责使"认定"工作走向程序化、规范化和制度化，形成了受理和管理既相互支撑又相互制约的工作格局，确保了"认定"管理的规范高效。

三是健全完善的认定工作流程和网络系统：完善上海市高新技术企业认定申请系统，通过网络开展高新技术企业认定工作，方便企业开展申请认定。建立了全新的高新技术评审网络平台，推进了专家评审库，优化了操作流程，节省了不必要的环节，节约了更多的操作时间。

4.改革成效

2017年，上海市共认定高新技术企业3247家（较上年认定数量增长 941 家），全市在 2015—2017 三年有效期内高新技术企业总数达到 7642 家，全国排名第六，净增长 704 家。2017 年全市高新技术企业享受减免所得税金额 141.62 亿元，同比增长 16.13%，占全国高新技术企业免税金额 5.90%，户均减免税金额 419.61 万元，是全国 124.9 万元减免金额的 3.3 倍。

高新技术企业对上海市经济发展贡献度显著增强。2017 年高新技术企业工业总产值、营业收入、利润总额、实际上缴税费分别为 1.25 万亿、2.34 万亿、2110 亿元、1130 亿元，其中主营业务收入、工业总产值均超过上企业的 1/3，高新技术企业对全市经济转型发展的贡献正在日益凸显。高新技术企业成为 IPO 主力军：截至 2017 年末，全市 279 家境内上市企业中，约 38.15% 为高新技术企业；996 家"新三板"挂牌企业中，约 66.97% 为高新技术企业。2017 年，上海汇纳信息科技股份有限公司、上海洗霸科技股份有限公司等 32 家高新技术企业分别在主板、中小板和创业板上市，占全市当年 39 家国内 IPO 公司数量的 82.05%，高新技术企业已成为全市 IPO 主力。

高新技术企业已成为技术创新的主体。高新技术企业是研发投入主体：2017 年高新技术企业科技经费支出合计 1709.93 亿元，占主营业务收入的 7.49%，其中内部日常科技经费支出为 1585.58 亿元，远高于规上企业的研发投入经费和研发经费占比；同时也远高于统计局通过抽样调查的全社会研发经费投入 1139 亿元。高新技术企业是知识产权创造主体：2017 年，高新技术企业的专利申请量、专利授权量、发明专利申请量、发明专利授权量及 PCT 国际专利申请量均分别达到 61176 件、36736 件、28504 件、12365 件及 718 件，占全市总量的 46.43%、52.13%、52.17%、52.13% 及 34.19%，高新技术企业成为全市发明创造的主体力量。

三、做"乘法"：形成多层级、多部门、多主体联动的合力

上海市在落实新修订的研发费用加计扣除政策方面，采取了做"乘法"的方式，围绕中央改革举措，构建多层级、多部门、多主体联动的工作体系，充分调动各方的积极性，形成工作合力。

根据科技部、财政部、国家税务总局的《科技型中小企业评价办法》和科技部火炬中心的《科技型中小企业评价办法工作指引（试行）》要求，上海市科委积极组织开展上海市科技型中小企业评价工作，建立上海市科委（省级科技管理部门）和区科委（评价工作机构）分工合作的工作体系，并以本区域各科技园区为抓手，向区域内中小企业开展政策宣传，保证中小型企业知悉、了解开展评价工作的情况。同时，市税务局也积极开展相关工作，一是建立市区两级沟通平台，不定期进行内部经验交流，形成工作合力，将落实研发费加计扣除政策列入重点工作，结合绩效管理层层落实考核；二是主动对接本市科技部门，探索网上平台预判模式；三是建立专家团队，事后积极开展风险管理案头分析，对企业享受税收优惠情况开展风险排查，实施动态监控。

落实新修订的研发费用加计扣除政策

1. 问题导向

实施研发加计扣除政策，其目的在于通过税收优惠政策降低企业研发成本和风险。之前的研发费用加计扣除政策存在一定问题：一是政策本身有待进一步完善，两个目录限定有待突破及试点政策有待落实，研发费用归集范围有待扩大，研发活动的界定比较抽象；二是政策落实过程中存在问题，研发费用申报时间不合理，"创新性、先进性"以及"两个目录"的界定流程和标准不统一，企业对税务、科技部门审批意见的申诉渠道不畅；三是中小企业管理不规范，研发项目立项不规范，研发管理不完善，申报材料、费用归集与分摊等不规范。

---

2. 国家政策

为贯彻落实《国家创新驱动发展战略纲要》，推动大众创业万众创新，加大对科技型中小企业的精准支持力度，按照《深化科技体制改革实施方案》要求，国家研究制定《关于完善研究开发费用税前加计扣除政策的通知》《关于企业研究开发费用税前加计扣除政策有关问题的公告》，落实研发费用加计扣除政策，进一步完善企业研发费用计核方法及扩大研发费用加计扣除优惠政策适用范围。参照国际通行做法，除规定不适用加计扣除的活动和行业外，其余企业发生的研发活动均可以作为加计扣除的研发活动纳入优惠范围里来，将原先的正列举变成了反列举，只要不在排除范围之内，都可以实行加计扣除。而且，将外聘研发人员劳务费、试制产品检验费、专家咨询费、高新科技研发保险费以及与研发直接相关的差旅费、会议费等纳入研发费用加计扣除范围，同时放宽原有政策中要求仪器、设备、无形资产等专门用于研发活动的限制。

此外，科技部、财政部、国家税务总局研究制定了《科技型中小企业评价办法》，并于 2017 年 5 月 3 日发布。

3. 举措落实

根据科技部、财政部、国家税务总局《关于印发科技型中小企业评价办法的通知》，科技型中小企业研发费用加计扣除比例由 50% 提高到 75%，再次扶持科技型中小企业发展。各区科技型评价机构接到开展评价工作通知后，迅速部署此项工作任务，围绕评价办法、工作指引、评价流程和系统功能开展培训；在推进评价工作中，以本区域各科技园区为抓手，向区域内中小企业开展政策宣传，保证中小型企业的知悉，了解开展评价工作情况；有个别区印发宣传资料，通过短信和电话联系方式通知企业，对申报的企业建立微信群等进行管理工作，做到宣传工作层层发动。

　　在工作职责方面，上海市科委（省级科技管理部门）组织本地区科技型中小企业评价工作，确定评价工作机构，组织和监督评价工作，管理科技型中小企业公示公告及入库登记编号，编制本地区科技型中小企业评价工作年度情况报告；区科委（评价工作机构）负责采用《企业注册登记表》和《科技型中小企业信息表》形式审查工作，组织已入库企业抽查工作，核实处理科技型中小企业评价工作相关异议、投诉、举报信息。

　　在工作内容方面，上海市科委负责发布通知、动员培训、数据对接、组织抽查、工作总结；区科委负责注册信息审验、评价信息审查（图3.7）。

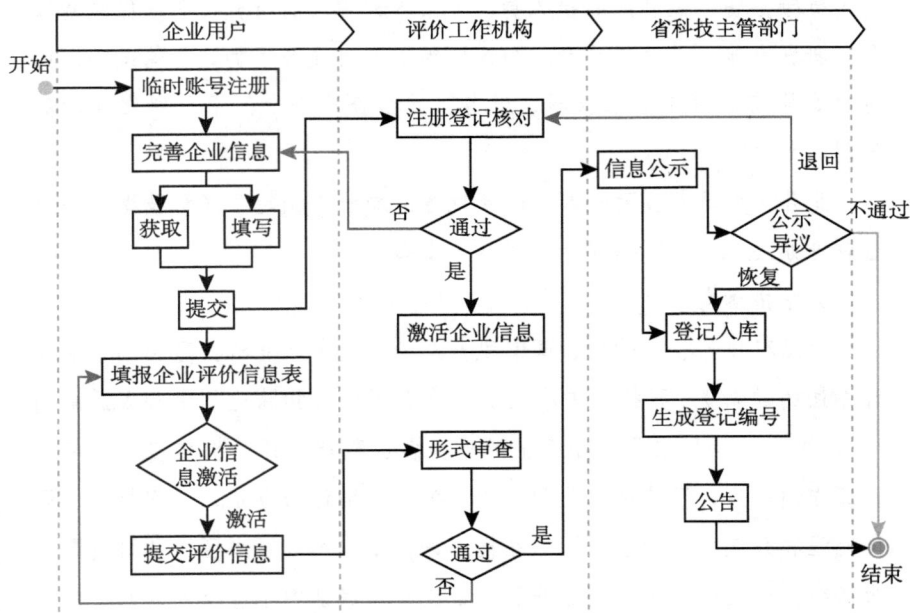

图3.7　科技型中小企业评价业务流程图

　　同时，上海市税务局积极运用"六抓六到位"，确保研发费用加急扣除政策落地。一是抓认识，确保组织到位，通过及时制定本地贯彻落实意见，成立市区两级所得税优惠政策管理工作领导小组，切实加强组织领导；二是抓覆盖，确保宣传到位，充分利用报纸、电视等新闻媒体，持续开展普及性宣传，进一步扩大政策宣传面；三是抓质效，确保服务到位，充分利用电子化手段，设置申报提醒，实行网上备案，优化办税流程；四是抓机制，确保沟通到位，建立市区两级沟通平台，不定期进行内部经验交流，形成工作合力，主动对接本市科技部门，共同编写《企业研发费用税前加计扣除操作手册》，探索网上平台预判模式；五是抓落实，确保管理到位，将落实研发费加计扣除政策列入重点工作，结合绩效管理层层落实考核；六是抓后续，确保反馈到位，事后，建立专家团队，积极开展风险管理案头分析，对企业享受税收优惠情况开展风险排查，实施动态监控。

4. 改革成效

截至 2018 年 5 月 31 日，上海市在科技型中小企业评价系统上提交注册信息的企业 10293 家；参与评价的企业 8003 家；取得入库登记编号的企业 7216 家，其中，制造业专业领域的科技型中小企 2639 家；正处于公示环节中的企业 717 家。

四、做"除法"：破除体制性瓶颈障碍

上海市在落实并完善股权激励机制方面，采取了做"除法"的方式，围绕中央改革举措，破除体制性瓶颈障碍，推动改革举措扩大适用范围。

上海市认真落实《财政部国家税务总局关于完善股权激励和技术入股有关所得税政策的通知》，修订《张江国家自主创新示范区企业股权和分红激励办法》，推动股权奖励递延纳税政策落地，促进创新创业人员切身利益与企业长期绩效密切捆绑。值得一提的是，上海市通过《上海市促进科技成果转化条例》等地方立法的方式明确了高校院所可以"以自己名义直接将科技成果对外

投资"，破除了高校直接对外投资的障碍，并依据成果转化法直接将无形资产作价入股的股权奖励给研发人员，并进行工商登记，无须审批或备案，从而真正打通了股权奖励递延纳税政策落地的通道，将改革举措的适用范围扩大到市属高校。

落实并完善股权激励机制

1. 问题导向

股权奖励递延纳税的落实过程面临一定的困境，主要是在转化过程中，实际操作单位仍然会遇到定义不明、职责不清、"道路"不通等问题。特别是在"先投后奖"路径中，高校院所等专利所有权单位通常先投资成立公司进行成果转化，再实行对科研团队进行股权激励，但是存在以下难题：一是教育部规定高校"不得再以事业单位法人的身份对外进行投资"，存在"投资难"；二是高校注册成立公司后，其所持有的股份即成为国有资产，难以转让给科研人员，存在"奖励难"；三是若是以高校资产公司（独立法人）身份投资并持股，进而向科研人员实行股权奖励，则难以被税务部门认定为高校的"直接股权奖励"，无法适用于递延纳税政策，存在"递延难"。

2. 国家政策

《财政部国家税务总局关于完善股权激励和技术入股有关所得税政策的通知》已于2016年9月1日施行。

3. 举措落实

上海市在落实财税文过程中，努力打通政策堵点，形成了成功案例。2016年8月，上海理工大学太赫兹科研团队通过"先投后奖"的方式，以科技成果作为无形资产获得股权激励且暂不缴纳个人所得税1035.09万元，成为全国率先实施科技成果转化股权奖励递延纳税案例。在此过程中，市科委、市教委、市工商局联合召开三次协调会，达成共识，并以会议纪要的形式固定下来，即根据新修订的《中华人民共和国

促进科技成果转化法》以及上海"科创22条"，上海理工大学有权自主
决定对科技成果完成团队的奖酬方式和数额，无须主管部门（市教委）
的审批或者备案。

　　上海市于2016年7月14日出台《张江国家自主创新示范区企业股
权和分红激励办法》，明确提出"实施股权奖励递延纳税试点政策"。
市税务局于2017年2月制定了《股权激励与技术入股有关个人所得税受
理事项管理规程（试行）》，辅导企业按现行政策规定的股权激励方式，
进一步激发和释放科研人员创新创业积极性。《上海市促进科技成果转
化条例》于2017年4月20日经市人大常委会表决通过，并于6月1日
起正式实施，将上海理工大学"先投后奖"的个案固化为制度成果，其
中为高校院所成果转化开辟了多条道路，成果转化收益分配以"约定"
为先。"条例"将这种在实践探索中取得共识的模式以法规形式固化下
来，将个案"通路"变为所有人的"通途"，形成了具上海特色的制度
"供给"。

　　4.改革亮点

　　一是充分发挥新科技成果转化法、"科创22条"等政策的叠加效应，
明确了上海理工大学可以自主进行股权奖励，"无须主管部门备案"，并
以会议纪要形式固化下来；二是新发布的《上海市促进科技成果转化
条例》以上海理工大学太赫兹技术等项目在成果转化过程中遇到的瓶
颈作为研究重点，力图通过立法方式，扫清制度障碍，固化成功经验
基于本市实践，细化和明确了高校院所可以自主选择的三种作价投资方
式，其中包含"允许高校院所以自己名义直接将科技成果对外投资"[①]。
以上两点突破，为股权奖励递延纳税政策的落实执行提供了进一步的政
策保障。

---

　　①　教育部为了高校的资产安全，曾在2005年发文禁止高校直接对外投资；2016年，为
了促进高校科技成果转化，教育部放开了成果作价投资限制。

5. 改革成效

新政实施以来递延税额共计 8375.8 万元，政策惠及企业 37 家近 2000 余人，享受税收优惠政策涉及的行业主要在保险、医疗设备、医药、制造、信息服务、科技推广等。其中，上海理工大学太赫兹科研团队（估值高达 2900 万元的股权奖励）得以递延缴纳个人所得税 1035.09 万元。

第三节　实践探索类举措（改革力度强，制度空间小）

此类举措往往是受制于整体制度环境，诸如金融监管形势的趋严趋紧，改革的制度余地较为有限，不能按照既定的改革方案和路径予以执行。而地方政府具有较强的改革意愿，不再拘泥于既定的改革路径，而是围绕改革目标，在现行的制度空间下，动员相应的市场主体、社会主体，从实践层面予以创新，选择较为灵活的改革方式，探索多元化的改革路径。

一、差异化试点＋底线式思维

在探索开展投贷联动等金融服务模式创新方面，上海市在国家尚未批复 3 家本地试点银行成立投资子公司的前提下，积极探索多元化的路径，开展差异化试点，指导各试点银行着重围绕外部投贷联动机制的建立，开发了多种适合自身发展的投贷联动业务模式。同时，也探索出有效的风险控制机制，为内部投贷联动机制的建立做好了铺垫。

为指导银行积极探索投贷联动业务，上海银监局将国际经验和辖内实践相结合，鼓励并支持银行通过多种形式积极探索，"贷款＋持有认股期权"是上海市的 3 家投贷联动试点银行普遍采用的业务模式：浦发硅谷银行推出了"初创期科技企业投贷联动金融服务方案"；上海银行主要与专业的第三方 PE 机构合作，互相推荐投贷联动客户，进行联合投资；华瑞银行则采用"跟单融资运营模式"。

在差异化的实践中，上海市的投贷联动试点银行也探索出风险补偿和风险隔离等重要风控机制。其中，最典型的是华瑞银行优选创投机构的投资项目跟进投放贷款。在此过程中，投贷联动既是获客模式也是风控模式。此外，中国银行上海分行探索完善基于创投机构的风险缓释机制，浦发银行明确创投机构对标的企业项目的投资比重，上海市也积极协同政府健全投贷联动扶持政策。上述实践探索的开展，实质上是树立底线思维，为内部投贷联动的开展"扎牢篱笆"，建立健全风控机制，从而有助于投贷联动业务的全面推广。

探索开展投贷联动等金融服务模式创新

1. 问题导向

一是商业银行混业经营格局的显现，为投贷联动提供了可能性。1992年，我国明确提出建立社会主义市场经济体制，金融业逐步开始市场化改革，监管逐步放宽。但随着市场经济的升温，国内出现房地产和证券投资热潮，商业银行通过假回购等方式放大杠杆，导致大量银行信贷资金流入股市，引发股市巨大波动，进而影响金融稳定。为阻止商业银行开展股权投资业务，阻断银行信贷资金流入股市，1995年，国家出台《商业银行法》，明确禁止商业银行从事信托投资和证券经营业务，确定了我国商业银行分业经营格局。随后，银行退出股权投资市场。进入21世纪，随着中国经济的快速发展，银行业也开始进入发展黄金期，国有银行相继完成股改，大型商业银行和少数城市商行陆续上市，商业银行公司治理不断优化，内控体系逐渐完善，业务创新能力显著提升，监管理念和技术不断进步，商业银行混业经营趋势日益显现，呈现出渐进发展的态势。期间我国颁布一系列法律放松对商业银行股权投资业务的限制，"十三五"规划也明确提出金融支持方式要从债权融资向股债联动转变。由于我国商业银行经营模式出现了部分混业经营的趋势，在这一背景下，投贷联动业务的开展才得以具有可能性。

二是间接融资对科技创新支持乏力，为投贷联动提供了必要性。当前，在以间接融资为主的金融体系下，银行信贷依然是科技创新企业融资的主要来源。2015 年，我国非金融企业境内股票融资和企业债券融资占比仅为 25%。然而，商业银行稳健经营的原则与科技创新的高风险特征存在天然的矛盾，使得银行业金融机构支持科技创新存在制度性障碍：首先，信息不对称，中小企业的财务、经营等信息不透明，银行很难及时准确地了解和评估企业资信情况，导致其对科技贷款、中小企业贷款审批较为严格；其次，风险管理制度不匹配，在严格的监管下，银行对风险的容忍度要低于其他金融机构，一般不愿向高风险项目或企业发放贷款。这就导致银行在支持科技型企业方面存在以下问题：科技贷款供需缺口较大，产品和服务创新动力不足，科技专业人才匮乏，缺乏有效的科技创新信用增进机制。

2. 举措内涵

投贷联动是指银行业金融机构运用"股权＋债权"的金融工具，为处于生命周期不同阶段的企业提供投融资服务，通过相关制度安排，由投资收益抵补信贷风险，实现科创企业信贷风险和收益的匹配，为科创企业提供持续资金支持。通过股权投资和信贷投放的组合，实现二者间的"联动"，即通过联动的制度安排，风险投资机构和商业银行结成利益共同体，为标的企业提供持续性的金融支持，则有望在融资主体或融资项目上实现风险与收益的匹配平衡，并为科技创业型企业解决"融资难"问题。

通常而言，投贷联动有三种方式：一是银行开展股权贷款，即银行直接向股权投资机构发放专项用于目标企业投资的贷款，间接实现对科创企业的融资支持，但是，该模式违背了《商业银行法》中的规定"银行贷款不得用于股权投资"；二是内部投贷联动，即银行通过设立的投资功能子公司从事股权投资，而银行予以信贷配合，目前，除 2009 年国家开发银行特批获得国内首张人民币股权投资牌照，可以开展投贷联动业务外，其他银行并不能直接开展股权投资业务；三是外部投贷联动，即银行与外部专业投资机构合作，在投资机构完成对目标企业的尽职调查与项目评估后，商业银行与投资机构约定，共同为目标企业提供融资，实现股权与债权的联动。

3.具体做法

根据银监发要求，上海市张江国家自主创新示范区被列为5个试点地区之一，上海银行、华瑞银行、浦发硅谷银行3家本地法人银行入选试点银行，国家开发银行、中国银行、恒丰银行、北京银行、天津银行5家在沪分行也获准开展投贷联动业务，数量为全国最多。2016年7月，上海市银监局制定了《上海地区投贷联动业务试点实施方案》，及相应的监管实施细则，并报送银监会。与此同时，上海市不断推动相关试点银行多渠道开展投贷联动融资服务模式创新，取得了较为明显的进展。

（1）以三项基本原则和"六专"机制为核心，形成管理体系

上海市紧密围绕银监会的要求，启动科技金融研究项目，主动探索针对性的金融服务模式和配套监管机制。

为指导银行积极探索投贷联动业务，上海市银监局将国际经验和辖内实践相结合，提出了投贷联动有效开展必须坚持的三个基本原则：一是坚持以贷为主，以投为辅，要求银行在开展投贷联动业务时，应坚持坚守本业，以贷款为主；二是重在专业化经营和机制创新，银行应构建与科技型企业融资需求相适应的管理体系，也鼓励并支持银行通过多种形式积极探索；三是在风险可控的前提下审慎创新，银行应深入探索风险补偿和风险隔离等重要风控机制，审慎控制风险。

2015年8月，上海市银监局发布了《关于上海银行业提高专业化经营和风险管理水平进一步支持科技创新的指导意见》，倡导"六专"机制，即专营的组织架构体系、专业的经营管理团队、专用的风险管理制度和技术手段、专门的管理信息系统、专项激励考核机制和专属客户的

信贷标准。上海市进一步鼓励商业银行以平台思维打造"1+N"科技金融模式，以商业银行为核心，做好"三个对接"：一是对接外部资源，推动商业银行与各类政策性基金、VC/PE等专业机构、各类要素市场比如产权交易市场进行对接；二是对接创新产业，推动商业银行更加广泛地参与各类创新产业的建设，为科研基础设施购置建设，科技创新布局调整等创新体系的各个环节、各类主体提供金融服务；三是对接金融链条，继续推动商业银行优化内部机制，为科技型小微企业提供一站式、全周期的金融服务，围绕创新链打造金融服务链，做好产品与服务对接，扶持科创企业发展。

（2）以"贷款＋持有认股期权"为基础，形成业务模式

目前，"贷款＋持有认股期权"是上海市的3家投贷联动试点银行普遍采用的业务模式。

浦发硅谷银行推出了"初创期科技企业投贷联动金融服务方案"，在给予科创企业贷款同时配套认股权安排，由硅谷资本在国内的一家全资投资公司代其持有与贷款总额一定比例的企业认股权，以获得公司认股权证的方式获得超期风险收益补偿，而无直接投资。

上海银行主要与专业的第三方PE机构合作，互相推荐投贷联动客户，进行联合投资。在试点前期，上海银行以持有"认股期权"为主，实际行权为辅，"投"的额度小而分散，该行投资比例一般控制在标的企业总股本的1%~3%，且以财务投资为主，原则上不参与、不干预科创企业的内部管理。

华瑞银行则采用"跟单融资运营模式"，该行会从合作的风投机构已投企业中筛选出目标客户对其贷款，通过自主风控评估及跟单融资运营模式加强风控，并将配套获得的认股期权作为科创贷款的重要风险抵补手段之一。对其而言，投贷联动既是获客模式也是风控模式：银行通过外部投资机构形成联动，有效地利用投资机构对资本的敏锐嗅觉，对

企业和项目进行识别并层层筛选，从而降低风险，同时，能够发掘出高成长性的企业和项目。

（3）以外部投贷联动模式为切入点，探索风控机制

上海市已向银监会上报了区域试点方案和3家本地银行试点方案，但是，尚未获得国家批复，无法在试点银行内部设立投资子公司以开展内部投贷联动模式的探索。因此，上海市积极尝试通过外部投贷联动模式来探索建立风控机制，基于外部投贷联动模式，上海市及相关试点银行不断优化并完善投贷联动的风控机制：

①优选创投机构的投资项目跟进投放贷款。以华瑞银行为代表的试点商业银行根据创投机构推荐的投资或拟投资企业或项目，结合自身风险偏好、信贷政策，在对企业或项目进行审慎风险评估后，独立做出跟进联动的决策，对风险相对可控的初创期科技型企业提供信贷支持。为保障"跟贷"企业或项目债权的安全，银行要求风险投资机构为贷款提供保证担保。在联动信贷支持对象上，银行往往选择一些股东有其他综合收益的科技型企业。这类企业已获得风险投资，并形成了初步科研成果。银行在风险评估的基础上提供贷款融资支持，再由企业股东提供有效资产的抵/质押担保。贷款到期后，企业暂无能力偿还贷款的，股东以其他综合收益代为偿还。

②探索完善基于创投机构的风险缓释机制。以中国银行上海分行为代表的商业银行引入股权质押，将抵押风险投资机构持有的其他股权、资产作为覆盖或缓释风险的手段，探索把贷款直接发放给有实力的私募股权基金、创业投资基金等创投机构，再由其选择企业或项目。通过风险投资与银行贷款直接联动，共同加强对投资企业或项目进行实时的风险穿透监测。商业银行接受政府部门、社会机构的委托，以委托贷款的方式与风险投资机构进行联动。商业银行收取委托费用，不承担客户违约风险。后续在自主评估项目风险的基础上，可配套提

供商业性贷款。

③明确创投机构对标的企业项目的投资比重。为避免联动过程中信贷资金承担风险敞口过大，以浦发银行为代表的商业银行可对股权投资机构的科创型企业投资比重提出硬性约束。创投机构对科创型企业风险投资应达到一定比例，以保证投资杠杆适度可控。根据科创型企业不同的风险程度，商业银行在投贷联动比例上对创投机构提出差异化要求，并与其积极配合，灵活把控做好联动衔接。

④积极协同政府健全投贷联动扶持政策。针对投贷联动中科技型中小企业高风险的特征，上海市配套相关政策，包括小微企业信贷风险可承受政策、张江政策资金、天使投资风险补偿等，将投贷联动纳入此类政策范围之内，完善风险补偿机制。商业银行在提高自身风险防控能力的同时，积极协同各级政府支持科技型中小企业发展，健全对投贷联动的相关扶持政策，以缓释或补偿银行贷款风险损失。

截至 2017 年末，上海市辖内投贷联动项下贷款加速 315 家，较 2016 年末增加 132 家，增长率为 72.13%，贷款余额合计 60.90 亿元，较 2016 年末增加 34.77 亿元，增长率为 133.06%。其中，内部投贷联动业务辖内机构存量客户数为 5 家，贷款余额为 1650 万元；外部投贷联动记录存量客户 310 家，贷款余额 60.73 亿元。

4. 改革亮点

上海市注重总结各试点机构投贷联动业务的开展经验，在更好地指导辖内机构做好风险控制的前提下有效推进相关业务创新：

（1）加强与各级政府部门和外部优质机构的沟通、深入合作，有效利用外部平台挖掘潜在客户，进一步实现精准营销。

（2）针对部分发展前景良好的科技型企业，已有外部投资机构入股或由券商提供对接资本市场等服务，银行业机构能够在营销和尽职调查过程中充分利用外部机构的专业能力，实现信息共享，有效提高银行项目筛选和综合评判能力。

（3）加强与政府、保险、担保机构等合作，建立以第三方增信为主的科技金融服务模式，以适合科技型企业轻资产、重信用的融资特点，从而为更多科技型中小微企业提供金融服务。

（4）细分服务领域，根据企业规模、发展阶段、所属行业等不同维度提供差异化的服务和产品。

（5）加强产品和服务模式创新，深入挖掘企业的"软资产"价值，创新抵质押物，构建与传统担保不同的风险缓释新模式，为科技型企业提供多方面的创新产品和创新金融服务，满足企业在不同阶段、多元化的金融服务需求。

二、规定动作"不折不扣"＋自选动作"先行先试"

在支持上海股权托管交易中心设立科技创新板方面，上海市科技创新板根据科技型、创新型企业所处的不同阶段，明确准入门槛，设置差异化的挂牌条件，并通过对接多层次资本市场体系，建立健全融资制度、交易制度，着力缓解科技型、创新型中小微企业融资难问题。同时，在不违背国家金融监管政策前提下，科技创新板基于"监管区域与经营区域相统一"原则，为愿意留在上海市的异地挂牌企业提供"二次挂牌"服务，从而为高成长性的科创型中小企业优化匹配金融资源。

上海股权交易中心科技创新板主要定位是服务科技型、创新型中小微企业的专业化市场板块，"为上交所、全国股转系统等相关多层次资本市场孵化培育企业资源"。目前，已研究形成"科技创新板"1+7+X制度体系，涵盖挂牌申请、审核机制、信息披露、登记结算、股权融资、交易制度、投资者准入、会员管理、持续督导及市场监管等全业务流程，为各市场参与主体提供行为规范指引。

上海股权托管交易中心设立的初衷原本定位于建设一个跨省域、甚至是全国性的股权交易市场，但是随后国家出台了规范发展区域性股权市场的要求和相关监管规定。上海股权交易中心严格遵守国家规定的前提，主动开展异地挂牌企业清理工作。同时，也积极地探索为异地挂牌企业提供更加多样化的选项：对于有意愿留在上海市的企业，中心采取了"6+1二次挂牌方案"，协助企业通过迁址上海市、公司分立、反向收购等方式进行二次挂牌，实现了监管区域与经营区域相统一；对于愿意回归本省的挂牌企业，上海股交中心积极配合市政府与外地企业所在省政府签署协议，明确风险责任。

支持上海股权托管交易中心设立科技创新板

1. 问题导向

科技创新企业融资难问题突出，尤其是中小型科技创新企业更是难以利用资本市场获得发展。在区域性股权市场设立针对科技型、创新型中小企业的科技创新板并规范运营，能有效缓解企业融资难问题，助力"大众创业、万众创新"，贯彻落实国家创新驱动发展战略，健全多层次资本市场体系。

2. 举措内涵

科技创新板是上海股权托管交易中心专门为科技型、创新型中小微企业量身定制的市场板块，旨在充分发挥多层次资本市场在推进上海建设具有全球影响力的科技创新中心中的重要作用。

在服务对象上，科创板重点面向那些有成长潜力但尚未进入成熟期，且满足有关规范性及具有较为显著的"四新（新技术、新业态、新模式、新产业）"经济特征的科技型、创新型中小微企业。在服务内容上，科技创新板更加注重运用互联网综合金融服务平台为挂牌企业提供融资等多元化金融服务，促进间接与直接融资以投贷联动、投保联动等方式加强对科技型、创新型中小微企业的服务。在服务方式上，挂牌企业采取非公开发行股份方式进行融资，股份交易采取协议转让方式，根

据国家统一部署，适时探索建立做市商等有利于活跃市场交易和提升市场功能的交易制度，建立完善与"科技创新板"相适应的登记结算系统。在服务区域上，先期主要面向上海市尤其是张江国家自主创新示范区（一区 22 园）的科技型、创新型中小微企业提供服务，根据试点进展情况，逐步拓展服务区域。在投资者管理方面，科技创新板积极探索建立与股权投资机构良性互动机制，将其建设成为由专业投资机构参与的市场板块，投资者初期限定为具备风险识别能力的天使投资、风险投资等专业机构。

3.具体做法

上海股权托管交易中心在科技创新板创设之初便充分考虑到其与 E 板市场定位与服务目标的不同，在企业挂牌条件、挂牌审核制度以及交易规则等方面进行差异化设置，使得两个板块可以为不同特点的中小微企业提供综合性金融服务。与此同时，上海股交中心也研究设计了畅通的转板机制，帮助符合科技创新板挂牌条件的 E 板企业便捷迅速地转至科技创新板以获得与企业特点相适应的服务。

（1）准入门槛。企业挂牌条件突出"科技创新板"挂牌企业的科技、创新元素。根据"科技创新板"的功能定位，对准入门槛进行细化和完善，突出了"科技创新板"挂牌企业的科技、创新元素进行了细化和完善，着重增强了挂牌条件的指向性和可选择性，扩大对企业成长阶段的覆盖面。其挂牌条件着重强调了企业研发投入强度、直接从事研发的科技人员占比、高新技术产值占比、自主知识产权以及"四新"特征等方面，突出了企业的科技、创新元素。在此基础上，"科技创新板"还根据科技型、创新型企业所处的不同阶段，设置了差异化的挂牌条件。

（2）挂牌审核制度。"科技创新板"参照拟实施的股票发行注册制改革有关要求，建立以信息披露为核心的挂牌审核机制。由挂牌企业和中介机构保证信息披露的真实性、准确性和完整性，强化对中介机构的监管。交易场所对信息披露审核的重点在于所披露信息的齐备性、一致性和可理解性。"科技创新板"审核采用注册制，分为普通注册程序和简易注册程序。

（3）融资制度。"科技创新板"除采取传统私募股权、私募可转债权等融资方式外，正在试点设立上海股交中心科技创新股权投资基金，同时结合上海自贸试验区建设的政策优势，积极探索境外股权和债权融资。

（4）交易制度。"科技创新板"交易品种包括"科技创新板"挂牌公司的股票、可转换为股票的公司债券以及国务院有关部门按程序认可的其他证券。挂牌公司股票交易采取协议交易方式，可采取通过线下固定场所当面议价、传统通讯"一对一"、网络平台"多对多"等多种方式进行议价。

截至 2017 年末，已有 110 家挂牌企业在挂牌前后实现了股权融资额达到 10.93 亿元，有 139 家企业通过银行信用贷、股权质押以及科技履约贷模式，实现了债权融资 8.98 亿元，172 家企业平均每家获得融资 1157.56 万元，有效缓解了企业融资难的问题。

4.改革亮点

科技创新板率先试点一系列创新制度，提升融资、交易、并购、投资退出等功能，将为科技型、创新型中小微企业有效缓解"融资难"问题。与相关多层次资本市场相比，科技创新板向初创期科技型、创新型企业延伸，扩大服务覆盖面，错位发展。其首次尝试引入注册制，对申报挂牌前已取得推荐机构、其他私募股权投资机构一定金额投资或采取其他市场化方式认定的申请挂牌企业采取简易注册程序，其他企业采取普通注册程序。所谓的"简易"，主要体现在股权投资机构通过对申请挂牌企业进行股权投资，从而豁免注册委员会审查环节，大幅提高挂牌审查效率。为了给注册制"护航"，科技创新板建立了以信息披露为核心的挂牌审查机制，包括股份转让说明书、公司章程、推荐报告、审计报告、法律意见书等都要预先披露。初审完成后 2 个转让日内，申请文件将在网站公示，公示期为 10 个转让日。科技创新板吸引天使投资、风险投资等机构，重点从"募、投、管、退"四个方面，构建与股权投资机构良性互动机制。

5. 改革风险点

《国务院关于规范发展区域性股权市场的通知》以及证监会《区域性股权市场监督管理试行办法》要求区域性股权市场不得为所在省级行政区域外的企业私募证券或股权的融资、转让提供服务，一定程度上限制了科技创新板的进一步发展。

在上海市建设具有全球影响力的科创中心的大背景下，大力发展科技创新板这样专注服务于科技创新型中小企业的金融服务实体，具有十分重要的意义。对科技创新板所服务的区域进行限制，一方面难以将科技创新板的综合金融服务功能在更大范围内惠及更多科创型中小企业，另一方面也无法充分运用上海市在专业化人才、经营经验和手段、市场公信力、地缘优势、投资者数量等方面所拥有的优质基础资源。

根据国办要求，上海股交中心第一时间制定《贯彻国务院办公厅规范发展区域性股权市场文件落实方案》，迅速开展异地挂牌企业清理、私募债清理、不合格投资者清理、信息系统以及制度修订更新等工作。异地挂牌企业面临着要放弃上海市优质的金融服务转而回到当地重新挂牌的局面。针对这一问题，上海股交中心第一时间联系所有异地挂牌企业及对口推荐机构，对相关政策进行解读，在充分尊重异地挂牌企业意愿的基础上，为愿意留在上海市的异地挂牌企业提供"6+1 二次挂牌方案"，协助企业通过迁址上海市、公司分立、反向收购等方式进行二次挂牌；对于愿意回归本省的挂牌企业，上海股交中心积极配合市政府与外地企业所在省政府签署协议，明确风险责任。

除此之外，在税收政策方面，科技创新板挂牌企业及投资者面临的纳税压力明显高于主板市场和新三板，这不利于缓解中小企业融资难、融资贵的问题。为降低市场主体的交易成本，尽快建立并产生良好的市场效应，增加投资者的投资渠道，充分发挥资本市场对上海科技创新中心建设的助推作用，税务部门应当对科创板涉及的税收政策比照主板市场的税收政策处理。

三、正面"单点突破"＋外围"另辟蹊径"

在探索发展新型产业技术研发组织方面，上海市积极探索多种路径优化财政支持方式，实现"殊途同归"：一方面，审慎选取个别机构开展试点，运用项目资助等方式突破科技类民办非企业单位国有资产份额占比三分之一的瓶颈约束；另一方面，积极另辟蹊径，探索多元化的支持方式，通过"机构式资助"方式和财政经费"退坡"机制，实现对企业法人型新型研发机构的稳定支持。同时，积极吸引社会资本投入，共同设立平台建设基金，探索以 PPP 方式资助平台建设和发展。

在新型产业技术研发组织培育上，上海市重点的改革任务聚焦于从事科技研发的民办非企业单位"登记开办时允许其国有资产份额突破合法总财产的三分之一"。上海市按照国家授权改革举措要求，选取典型个案，突破相关法律法规的障碍，通过项目资助的方式实现对民办非企业单位国有资产份额占比三分之一瓶颈约束的突破，加大对科技类民办非企业单位的财政支持力度，从而有效地促进了新型研发组织的发展。

除此之外，上海市也积极另辟蹊径，加大对企业法人形式的新型研发组织的支持和培育，实施"机构式资助"方式，政府以合同形式与研发组织签署支持协议，明确建设任务和绩效考核目标，给予其稳定的财政经费支持，绩效考核结果与财政拨款直接挂钩，并决定后续支持。同时，实施资助经费自主使用，除约定事项外，政府管理部门不再对经费使用范围进行直接规定。更重要的是，设立财政经费资助的"退坡"机制，研发组织成立初期，以财政科技投入为主，待逐渐发展成熟后，除基本的科研和运行补助外，财政科技投入所占比例逐渐减少。

探索发展新型产业技术研发组织

1. 问题导向

产业共性技术是"一种能够在一个或多个行业中得以广泛应用的、处于竞争前阶段的技术，是介于基础性研究与市场化产品开发之间的技术，其研发成果可共享并对整个产业或多个产业及其企业产生深度影响"，是一种典型的"准公共产品"。上海市一直"没有很好地解决共性技术创新问题，无法实现从'知其然'到'知其所以然'的跨越，因而难于支撑产业升级发展"，亟待加强共性技术研发服务体系建设。

2. 举措内涵

上海市的重点改革举措是"从事科技研发的民办非企业单位，登记开办时允许其国有资产份额突破合法总财产的三分之一，发展国有资本和民间资本共同参与的非营利性新型产业技术研发组织"。

"民办非企业单位"特指利用非国有资产举办的，从事非营利性社会服务活动的社会组织，国家已经出台了相关规定，对其性质、功能予以定位。在由编制部门转交民政部门管理之前，此类机构被称为"民办事业单位"。作为"民办事业单位"一词的变形体，"民办非企业单位"最初是出现在《关于加强社会团体和民办非企业单位管理工作的通知》里的"一个政策术语，而不是一个严谨的法律概念"。《民办非企业单位登记管理暂行条例》于 1998 年 10 月 25 日颁布，"在我国第一次以立法形式较全面地规定了相关制度，标志着民办非企业单位的正式诞生"。1999 年 12 月 28 日，民政部发布施行了《民办非企业单位登记暂行办法》，其中规定"民办非企业单位必须拥有与其业务活动相适应的合法财产，且其合法财产中的非国有资产份额不得低于总财产的三分之二"。

2000 年 5 月，科技部、民政部发布的《关于科技类民办非企业单位登记审查与管理暂行办法》中定义科技类民办非企业单位，是指主要利用非国有资产举办，不以营利为目的，专门从事科学研究与技术开发、成果转让、科技咨询与服务、科技成果评估以及科学技术知识传播和普及等业务的民办非企业单位。2019 年 3 月，上海市颁布《关于进一步深化科技体制机制改革　增强科技创新中心策源能力的意见》（简称"科改 25 条"），同年 4 月，由市科委等 6 个部门联合发布《关于促进新型研发机构创新发展的若干规定（试行）》，提出"新型研发机构是有别于传统科研事业单位，具备灵活开放的体制机制，运行机制高效、管理制度健全、用人机制灵活的独立法人机构"，明确了上海新型研发机构建设发展的基本要求和政策支持方向。

事实上，"在美国，政府已经成为非营利部门获得财政支持的一个主要来源，以几乎是二比一的比例远远超过了私人慈善机构的捐款。在其他一些发达国家，政府的支持甚至更加突出"。因此，此项改革举措重点是要破除国有资产占比的限制，通过财政性资金的注入，加大对科技类民办非企业单位的支持力度。

3. 具体做法

上海市在培育和发展新型研发机构上进行了积极探索，围绕战略性新兴产业和重点产业发展，利用"政产学研用"各方资源组建，致力于新兴技术的研发与成果转化，建设并发展了一批专业化、市场化、国际化的新型研发机构。截至 2021 年末，上海登记备案的新型研发机构累计 33 家，包含 3 类：研发服务类企业 15 家（最典型的代表是上海微技术工业研究院）、实行新型运行机制的科研事业单位 4 家（最典型的代表是上海脑科学与类脑研究中心）、科技类社会组织 14 家（最典型的代表是上海产业技术研究院）。从组建和运行实际效果来看，上海市新型研发机构在一定程度上推动了产学研用融合，在集聚高水平专业人才、带动重点产业发展、引领区域创新等方面显现出积极作用。

（1）以"单点突破"的方式完成规定动作

上海市积极培育新型产业技术研发组织。其中，对于上海产业技术研究院等定位于产业共性技术公共服务平台的研发机构，上海市采用了民办非企业单位的形式予以举办。其主要考虑是"在事业单位、企业两种法人类型之间探索科技研发服务既公益化又市场化的第三种途径"，"与科研事业单位相比，管理运行更具有自主性和灵活性；相对于企业，其非营利属性更易获得社会捐赠、企业资助"。

上海市于2014年起实施直接登记改革，取消科技类社会组织的前置审批，准予其直接登记。2015年，上海市社团局与上海市科协联合出台《关于推进科技类社会组织在上海加快建设具有全球影响力的科技创新中心中发挥重要作用的若干意见》，提出探索允许使用专利等科技成果作价捐赠出资、试行"先照后证"登记制度等举措。在各类政策的支持下，上海市科技类民办非企业单位增长尤为迅速，近10年来平均每年增加近30家左右。

由于民办非企业单位的规模往往较小，自身也缺乏持续性的"造血"能力，"普遍面临资金、业务拓展和人才难题，最需要政府在科技项目、税收优惠和政策性贷款等方面给予大力支持"。但是，受现行法规中"合法财产中的非国有资产份额不得低于总财产的三分之二"管理规定的约束，科技类民办非企业单位可获得的政府资助也极为有限。

针对这一瓶颈问题，上海市以上海产业技术研究院为试点对象，强调"以需求为导向、项目为载体、应用为目标"，通过"政府引导、顶层设计；合同管理、柔性参与；资源投入、利益共享"的运作模式，组织产学研等各方资源，联合开展平台建设和项目研发服务。其中，联合研发的组织形式有"依托其专业技术研发实体组织实施或以项目方式引进创新研发团队开展集中技术攻关"，项目完成后团队可自主选择去留，还可通过委托合同的方式公开择优，选择其他机构协助研发。产研院在创建初期，定位为服务产业、开放创新的"智囊、平台、桥梁和枢纽"，围绕上海重点产业领域着力搭建创新组织平台，可以获得政府通过购买服务、科研资助等方式所提供的项目资金，并积极实践传统科研体制与市场化体制融合的运行模式。通过项目资助的形式，产研院实现了国有资产三分之一占比的突破。

该模式将在一定适用条件下进一步试点推广，正在筹建的上海国际人类表型组研究院也将采用该种模式，此类机构是上海市根据国家实验室建设的战略任务需要建设的具有事业单位性质的新型研发机构，机构采取"三不一综合"（不定行政级别，不固定编制数量，不受岗位设置和工资总额限制，实行综合预算管理）的新型体制机制，以民办非企业单位形式注册成立，国有资本达到约70%，突破了国有资产份额超过合法总财产的三分之一的限制。

（2）以"另辟蹊径"的方式创新自选动作

除了完成国家授权举措之外，上海市还聚焦国家和自身经济社会发展重大需求，在信息技术、生命科学、高端装备等领域先行布局一批开放式创新平台，通过政府支持、市场化运作，攻克关键共性技术，支撑战略性新兴产业实现跨越式发展。

此类机构通常以企业形式注册成立，其中上海市微技术工业研究院（法人实体"上海新微技术研发中心有限公司"）最为典型。研究院以打造国际领先MtM创新功能型平台为目标，也是由上海市政府、中科院、嘉定区等多方投入共建的国有企业，在市、区政府及各级企业与机构的支持下，着力推进面向先进传感器和物联网领域的研发与转化功能型平台建设，聚焦MEMS、AIN、硅光等领域引领技术创新，在毫米波雷达、微流控生物打印、功率器件（IGBT）等20余个超越摩尔集成电路细分技术领域实现了技术熟化和转化，助力企业缩短新产品开发周期、降低研发成本。

作为上海市科技创新中心建设布局的首家功能型平台，微技术工业研究院获得了上海市政府和嘉定区政府的大力支持，面向全球引进行业顶级人才，不断孵化培育创新型企业，累计服务用户单位近500家，累计收入7.67亿元，成功实现自我"造血"。市、区两级政府将研究院作为新型产业技术研发组织试点，在具体支持方式上进行创新，通过政府与研究院签订战略合作协议，明确建设任务和考核目标，给予稳定支持和经费使用自主权，建立符合科技创新规律、以结果为导向、激励与约束并重的财政科研经费投入新机制和管理新方式。

探索财政支持新方式。改变传统的科研经费管理模式，在对研究院8寸研发中试线予以一次性投入的基础上，对于研究院的后续研发经费给予政府资金资助，年度资助额度由固定投入和配套投入两部分构成，由上海市政府与嘉定区按照1:1的分担比例共同投入。其中，固定投入事先约定、逐步递减；配套投入根据研究院年度产业收入，按1:1的配套比例计算。

给予经费使用自主权。改变传统科研经费要求预算编制较细、使用限制较多、考核周期较短的做法，针对科研活动探索性和不确定性较强的特点，给予研究院相对稳定的经费支持制度安排和较为充分的经费使用自主权，除纳入经费使用负面清单的内容外，政府资助经费可由研究院统筹用于研发活动相关支出。同时，鼓励产学研协同创新，政府财政支持的研发经费中，20%可用于与有关高校、科研院所开展合作，进行前沿探索的研究。

实施动态化的第三方评估。根据研究院自身发展规划，政府研发经费资助和绩效评估以6年为一个周期，每3年对研究院进行评估考核，以合同约定的产业收入为主要考核点进行评级，获较低评级时根据政府要求予以整改，评估后根据产业及市场实际情况对资金使用和业绩目标进行合理调整。

目前，上海市已把相关模式推广到了其他17个研发与转化功能型平台。下一步，上海市将对该模式进行评估，并研究逐步将其引入对张江国家实验室等新型研发机构的支持中。

4.改革亮点

理论上讲，科技类民办非企业单位"应该是利用非国有资产举办"，但是，其举办主体可能是公共部门，因此可能导致诸多问题："一是举办者投入的资产中哪部分属于国有资产、哪部分属于非国有资产难以界定；二是除了事业单位、国有全资企业外的其他各种社会组织资产组成日趋混杂（如国有资产控股公司、国有资产参股公司），使得各种社会组织举办的民办非企业单位投入资产中是否有国有资产或国有资产占多大比例难以分清；三是政府为了鼓励民间力量举办公益事业而对给予一些优惠如无偿划拨土地或按行政划拨价提供土地，是否算国有资产投入尚难确定；四是许多民办非企业单位依托（挂靠）在公共机构，其财产并未完全从依托（挂靠）单位的财产独立出来"。然而，过分地强调"非国有资产"的属性，往往会使得一些自身造血能力较弱的民办非企业单位缺乏足够的存续能力，以产业共性技术研发为主业的科技类民办非企业单位更是如此。

因此，通过突破国有资产占比限额的"天花板"，从而在一定程度上提升政府对科技类民办非企业单位的支持力度，从而有效培育新型研发组织，提升上海市产业共性技术的供给能力。

5.改革风险点

从改革举措本身而言，上海市对于科技类民办非企业单位的支持方式，难以实现横向上的扩散和纵向上的延展。横向上看，由于现行法律法规所限制，上海产业技术研究院的成功经验难以在更大范围复制推广。纵向上看，科技类民办非企业单位在初创期可以通过政府购买、研发资助等方式获得政府的项目资金，该种资助方式有助于提升资金的使用效率，但是，问题也十分显著。

一是项目资金的使用规定较为严格。"平台建设关键在于核心装置建设、人才团队引进，使得现行财政资金使用规定与平台建设与运行的特殊性之间存在着较大的矛盾，对功能型平台引进创新团队、培育核心能力未能形成真正的有力支持"。

二是项目资助缺乏连贯性和稳定性。从机构的长期发展来考虑，该种资助方式"与产业共性技术研发的长期性存在矛盾，不利于产业共性技术研发能力的积累和提高"。然而，一旦将项目资助方式转变为稳定支持[①]的方式，又不可避免地会受到"国有资产三分之一限额"的瓶颈约束。所以，如果不能推动民办非企业单位相关法律法规的修订，该项改革举措势必会遭遇两难困境。

三是国有资产管理出现难题。根据规定，"国有资产进入非营利机构不拥有所有权、不享有收益，而如果要求所有权、要求收益势必同非营利组织的性质相悖"。一旦通过稳定支持的方式进行资金投入，其性质类似于"捐赠（白送）"，从而可能导致国有资产的流失。

第四节　推进障碍类举措（改革力度弱，制度空间小）

此类举措的制度空间较小，改革所面临的阻力或风险较大，受制于国家宏观政策环境，地方政府推动改革的积极性较为有限，从而致使改革举措进展缓慢，甚至是处于悬置状态，其中难点有待进一步破解。

一、改革举措本身存在较大风险隐患

在简化外商投资管理方面，上海市积极整合自贸试验区和全面创新改革试

---

①　为了推动共性技术的研发服务，各国和地区政府普遍为公共产业技术研究院提供持续稳定的投入支持，财政定向资金支持的平均比率约占产业技术研究院年收入的1/3。

验区的叠加优势，努力推动外资创业投资和股权投资从"审批制"管理向"备案制"管理转变，从而充分运用境外资本对国内创新企业的成长和发展给予支持，旨在实现政策红利的倍增效应。

但是，该项举措自身具有一定的风险隐患。简化外资创业投资和外资股权投资方面的管理，需要进一步健全本领域的法律法规，同时辅之以外汇政策的完善，否则仅仅在外商投资管理这一局部领域开展"单兵突进式"的改革，极有可能使得大量国内企业丧失自主权，并导致大量热钱流入国家限制投资的领域，从而对我国的经济稳定性造成严重的危害。

简化外商投资管理

1. 问题导向

在进入中国国内市场的外资资本中，很多是以创业投资、股权投资形式进入的。其中，作为一种权益投资形式，外资创业投资对于解决我国科技企业的资金短缺、促进其发展壮大也发挥了一定作用。外资创业投资以其雄厚的资本、丰富的管理经验、相对便利的国外上市渠道，获得了国内诸多企业的认可。根据 2003 年对外贸易经济合作部等部门颁布的《外商投资创业投资企业管理规定》，外商可以采取非法人制和公司制组织形式开办外商投资创业投资企业，因此外资私募股权可以通过创业投资企业的方式进行私募股权投资。但该种形式由于受到严格的限制，并未成为外国投资者最主要的投资途径：一是注册资本较高，缴纳期限过短且通常不能减资；二是必备投资者条件要求过于苛刻；三是投资对象的范围过小。

除此之外，外资股权投资，特别是外资私募股权投资主要以外商直接投资形式进入我国市场。具体渠道有：一是外国投资者在境外设立私募股权投资基金，投资红筹上市的境外壳公司，或者以境外投资者法人身份并购境内企业；二是外国投资者在境内设立外商投资创业企业，再通过该企业并购境内企业。由于我国商务部门对设立外商投资企业审核

严格，事实上外资私募股权资本很难通过后一种渠道进入我国市场。

因此，从总体上看，外资创业投资、股权投资进入中国还面临着较为严格的审批程序，导致其在中国市场上的活跃程度较为有限，不利于解决初创期、成长期企业发展的资金短缺问题，也无利于企业的快速成长以至上市。

2. 举措内涵

创业投资（Venture Capital Investment）是一种通过投资于极具增长潜力的创业企业并参与其管理的权益资本，预期通过投资企业的增值来获取收益。根据国家五部委 2003 年发布的《外商投资创业投资企业管理规定》，外资创业投资企业是指外国投资者或外国投资者与根据中国法律注册成立的公司、企业或其他经济组织，在中国境内设立的以创业投资为经营活动的外商投资企业。换言之，创业投资是实行专业化管理、对新兴的以增长为诉求的未上市公司进行的股权式投资，旨在解决处于初创期、成长期科技型中小企业的资本短缺问题。百度、上海盛大网络发展有限公司等公司在引进外资创业投资机构的投资后，成功在美国上市。

而外资私募股权资本在我国的投资方式主要包括增资参股、收购现有股东股权和收购资产等，即通过选择有潜力的境内企业进行参股或者收购部分原股东股权，对企业进行重组和再包装。

2006 年，商务部等六部委发布《关于外国投资者并购境内企业的规定》，对境外投资者参股或收购中方企业股权的行为进行规范，规定以红筹形式境外上市需由商务部和证监会双重批准，并设定了 1 年的上市期限，使得外资私募股权资本以红筹方式境外上市退出的难度加大。

2012 年，《国务院办公厅转发发展改革委等部门关于加快培育国际合作和竞争新优势指导意见的通知》（国办发〔2012〕32 号）中指出要"丰富利用外资方式"，其中，明确提出"在符合外商投资产业政策的前提下，鼓励外资以参股、并购等方式参与境内企业兼并重组，促进外资股权投资和创业投资发展"。

2016 年，《国务院关于促进创业投资持续健康发展的若干意见》（国发〔2016〕53 号）则对"有序扩大创业投资对外开放"方面做了较为细致的规定，"发展创业投资要坚持走开放式发展道路，通过吸引境外投资，引进国际先进经验、技术和管理模式，提升我国创业投资企业的国际竞争力。按照对内外资一视同仁的原则，放宽外商投资准入，简化管理流程，鼓励外资扩大创业投资规模，加大对种子期、初创期创业企业支持力度。鼓励和支持境内外投资者在跨境创业投资及相关的投资贸易活动中使用人民币。允许外资创业投资企业按照实际投资规模将外汇资本金结汇所得的人民币划入被投资企业"。

3. 具体举措

2016 年 8 月份开始，上海市发改委会同市商务委、市金融办等相关部门开展了密集调研，在充分听取外资创业投资和股权投资企业、行业协会和相关监管部门的意见基础上，在 2016 年末，研究形成了创新发展的初步政策建议方案。2017 年 2 月作为一项扩大开放措施列入上海自贸试验区 3.0 方案并向国家各部委征询意见。据悉，在各部委反馈意见中，除国家发展改革委和商务部担心突破力度较大外，其他部委未提反对意见。最终采纳国家发展改革委和商务部建议在上海自贸试验区 3.0 方案中仍沿用科创中心"全创改"方案的表述。2017 年 3 月，国务院发布《全面深化中国（上海）自由贸易试验区改革开放方案》，提出进一步放宽投资准入，对符合条件的外资创业投资企业和股权投资企业开展境内投资项目，探索实施管理新模式。

根据 2016 年 10 月商务部发布的《外商投资企业设立及变更备案管理暂行办法》（2016 年第 3 号令），外资股权投资企业的管理模式尚未从"审批制"转变为"备案制"（征求意见稿中原本含"外商投资的投资性公司以及创业投资和股权投资企业",后被删)。据此,就外商投资准入特别管理措施范围内的投资,对于涉及《外商投资产业指导目录(2015年修订)》限制类和禁止类以及鼓励类中有股权要求、高管要求的领域,不论金额大小或投资方式(新设、并购)均将继续实行审批管理。

4.改革障碍

简化外商投资管理的改革进展较慢,特别是简化外资创业投资、股权投资领域的改革,其主要原因在于改革举措本身蕴含着较大的风险隐患。外资创业投资和股权投资具有明显的"双刃剑"效应,其负面影响尤为显著:从微观上看,外资创业投资和股权投资的介入,将会影响企业自身的决策,有可能使得企业偏离原先设定的发展目标,出现"欲速则不达"的情况,最终阻碍企业的正常发展;从宏观上看,外资创业投资和股权投资具有高度的投机性,大量"热钱"往往会选择集中投向房地产等高利润行业,甚至是国家限制投资的领域,从而对我国的经济稳定性造成了严重危害。因此,推动外资创业投资、股权投资从"审批制"向"备案制"转变,简化外商投资管理,可能会造成一定的系统性风险。

而且,中国创业投资和股权投资的监管体系和法律法规建设仍比较滞后,无论是中资还是外资私募基金,其设立和运行所遵照的法律依据均散见于各种相关法律法规中[1],目前尚未推出全面的规范外资创业投资和股权投资机构设立、运营、管理、退出等方面的法律法规。而且在我国,设立股权投资和创业投资机构涉及商务部、人民银行、财政部、国家发展改革委、证监会、外汇局等多个管理部门,各部门管理的范围和内容不尽相同,在相关政策的制定、执行和统一管理上存在困难。尤

---

[1]　包括《中华人民共和国公司法》《中华人民共和国信托法》《中华人民共和国合伙企业法》以及其他由各政府部门制定的对外资私募股权投资基金予以监管的部门规章,包括由前对外贸易经济合作部(现商务部)等五部委联合颁布实施的《外商投资创业企业管理规定》、由国家发展改革委等十部委颁布实施的《创业投资企业管理暂行办法》以及由银监会颁布实施的《信托公司集合资金信托计划管理办法》等。

其是外汇管理没有专门针对外资私募股权投资基金的政策法规，监管政策又比较分散，外资创业投资和股权投资发展受外汇管理政策的制约较大。

二、改革主体自身存在先天缺陷不足

在新设以服务科技创新为主的民营银行方面，上海市银监局积极推动民营银行筹设工作，并完成了发起人筛选、申报辅导、材料审阅等工作，启动了相关推荐程序，向国家银监会上报了相关材料，以期通过设立以服务科技创业为核心业务的专业化民营银行，从而实现对科技创新型中小微企业的资金支持，同时也在一定程度上改善金融服务竞争不充分的局面，加速产业和资本的融合。

但是，上海市所报批的民营张江银行自身尚存在一定的缺陷，无法达到国家的要求。由于其股东资质和信息披露等方面的条件尚不成熟，导致整体的推荐程序进展较慢，一直未能获得银监会的批复，尚未实现预期的目标，亟待通过股东资质的进一步完善或股东变更等方式以重新申报审核。

新设以服务科技创新为主的民营银行

1. 问题导向

设立民营银行，即商业银行民营化的改革，缘起于致力解决两个方面的问题。

一是中小微企业，特别是科技型中小企业普遍存在的融资难、融资贵等问题。通常而言，科技型中小企业融资具有无抵押、无担保等特点，难以真正准确把握其信贷风险，从而导致传统的商业银行不愿意也不敢轻易涉足该领域。"对中小微企业融资而言，债权方面，一直强调商业银行来做轻资产和高风险的贷款是不科学的；股权方面，一些企业并不希望过多的外来投资来稀释其股权"。就目前来看，尚且"没有一个银行能够针对科技创新的全链条提供系列化的产品布局"。

二是金融领域高度垄断，行业准入门槛过高，金融服务竞争不充分，亟须引入民间资本。目前，中国的商业银行体系仍是以国有控股为主，存在"一股独大"的格局，从而也弱化了公司治理能力，导致"银行股权结构单一，公司治理严重失衡，无法形成有效制衡的运行机制"。而民营资本进入银行业"有助于实现产业和资本融合，促进金融资源配置格局的改善"。此外，"商业银行民营化是利率市场化成功的必要条件"，只有通过"民进"（即放开市场准入、允许民间资本进入到正规的银行体系中来办民营银行）或"国退"（即各级政府的资金逐步从竞争性商业银行的股本金中退出来，去办政策性银行）等方式，建立"股份制、外资或者是私人资本所拥有的非国有银行"，才有望使利率市场化起到积极的促进作用。

2.举措内涵

2013 年 7 月 5 日，国务院发布《关于金融支持经济结构调整和转型升级的指导意见》，提出"尝试由民间资本发起设立自担风险的民营银行、金融租赁公司和消费金融公司等金融机构"。2013 年 11 月 5 日，党的十八届三中全会发布的《中共中央关于全面深化改革若干重大问题的决定》进一步明确指出，"完善金融市场体系，扩大金融业对内对外开放，在加强监管前提下，允许具备条件的民间资本依法发起设立中小型银行等金融机构"，自此为民营银行的设立正式打开了闸门。基于上述政策，2014 年，银监会批准了前海微众银行、天津金城银行、温州民商银行、浙江网商银行、上海华瑞银行首批 5 家民营银行的筹建。2015 年 5 月末，这 5 家银行已全部开业。2015 年 6 月 26 日，银监会出台了《关于促进民营银行发展的指导意见》，明确了民营银行发展的基本原则、准入条件、许可程序等，并提出了"明确定位，创新发展；完善治理，防范风险"促进稳健发展的要求，标志着民营银行设立从试点阶段进入常态化。

事实上，作为全国首批民营银行，上海华瑞银行已经将"科创业务"列为自身的三大主营业务之一，牢牢把握上海市建设全球影响力科创中心的地缘优势，以打造中国"科创银行"优秀品牌为愿景，以投贷联动为主要业务拓展手段，密切结合创投与资本市场，为符合"四新"和"三创"特征的初创期、成长期非上市科创企业提供金融服务。

但是，不同于上述第一批5家银行，此次全面创新改革试验中设立的民营银行，旨在以专业化的科技金融服务为核心业务，从而有针对性地缓解科技型企业的融资难、融资贵问题，其国际对标瞄准的是美国的硅谷银行。成立于1983年的硅谷银行主要服务于科技型企业，在全球拥有上万家客户，培养了Facebook、twitter等一大批科技明星企业。"硅谷银行为风险投资机构投资的企业提供商业银行服务，也为风险投资机构提供直接的银行服务，并将网点设在风险投资机构聚集的区域附近。硅谷银行也在风险投资基金中直接投资，成为他们的股东或合作人，以便建立更坚实的合作基础"，这些风险投资机构"为硅谷银行提供专业支持和推荐优质的客户"。同风险投资机构之间所建立的紧密伙伴关系，是该银行成功的关键。

3.具体做法

2015年5月，上海市发布加快建设科创中心相关的22条意见中，就明确提及，探索设立民营张江科技银行。2016年4月，国务院批复上海加快建设全球科创中心的方案中也提到，要争取新设以服务科技创新为主的民营银行。根据银监会《关于促进民营银行发展的指导意见》，上海市推动民间资本进入银行业，开展了筛选符合条件的民营企业作为发起人工作，对相关民营企业作了申报辅导和约谈，并对申报材料进行了审阅，启动了相关推荐程序。目前，上海市已向银监会上报相关方案，推荐设立"股权分散"的民营张江银行，主打科技金融服务，注册资金拟定为 30 亿 ~50 亿元，股东结构由若干主要发起人与一部分园区的科技创新型企业共同组成，以满足张江地区企业的特殊需求。

张江银行的主要目标是探索科技和金融结合的新模式，并将借鉴硅谷银行的模式，既考虑银行的优势，又强调股权债券的平衡。虽然，张江银行主营业务仍是以传统的存贷汇为主，但是其主要客户群是科技园区、创新创业人才和科技型中小微企业，将"围绕着研发、转化、生产、应用、售后技术服务五大关键环节组成的整个创新链来布局金融供应链和资金供应链，并针对性地设计了一系列信贷产品"（诸如新药进入临床试验期之前的贷款），预期形成三大特色业务板块，分别是"吸收社会的存款并针对科技创新群体和科技创新活动进行投放（社存科贷）、网络金融和投贷联动"。张江银行的历史使命定位于"围绕创新链布局资金链，成为第一家服务于创新全链条的银行"，并将"科创基因"深入植入管理层。同时建立全面风险管理体系，针对核心客户群的特点，借助园区科技金融、企业信用和知识产权服务平台形成基础风控体系，"可以为科技型企业和创新人才提供无抵押贷款，从而彻底突破传统银行在科创领域的经营瓶颈"。

4. 改革障碍

目前，张江银行尚处于银监会的审批过程中，仍未获得批复。而同期申报的北京中关村银行已于 2017 年开业，"意味着北京市首家民营银行正式落地"。由此可见，"新设以服务科技创新为主的民营银行"这项举措本身不存在过多的制度瓶颈，主要是由于张江银行自身原因未能顺利获批。

根据银监会所反馈的意见，主要是由于张江银行在股东资质等方面条件尚有缺陷，有待进一步完善。由于商业银行直接面对大量的存款人，若是"控股股东设立银行的动机不良，势必给民营银行带来灾难性后果，而随着银行业风险外溢和扩张的本性，也势必危及千万存款人的利益"，所以民营银行投资股东的甄选机制是"降低民营银行风险的第一道门槛"，应当对"其资本规模、盈利能力、信用度、商业操守评价、股权结构等"条件进行充分考量。对此，银监会主席郭树清甚至专门强调，"千万不能将民营银行办成少数人或少数资本控制的银行，变成自己的'提款机'，进行关联交易，吸收公众存款用于自己特殊目的的投资"。

5. 解决思路

针对上述问题，张江银行筹建工作下一步应当根据银监会的意见，进一步完善股东资质，协商股东转让等事宜。同时，应当建立健全相关制度体系有效保障张江银行的健康运行。

一是应当实行多级银行牌照制度，并明确载入我国商业银行法等相关法规中；二是应当即刻建立存款保险制度，并明确载入我国商业银行法等相关法规中；三是应当建立科学透明的社会信用评级体系，并明确并入我国在建的社会信用体系中；四是应当先行建立健全民营银行退出机制，并明确载入我国商业银行法等相关法规中。

三、上级监管部门尚未给予充分授权

在为开展股权众筹融资试点创造条件方面，上海市积极开展相关工作。2015年5月，上海市提出发展股权众筹融资试点，并由上海股权托管交易中心负责开展。上海股权托管交易中心承接构建众筹综合服务平台、开展股权众筹融资试点工作的任务，并牵头落地综合股权众筹平台，已拟定相关的方案和规则，并已召开数次研讨会，同银行就资金结算等事项达成了共识。同时，上海市工商局研究针对股权众筹工作简化企业注册程序，上海市科委研究针对科技创新型中小微企业进行大力扶持同时考虑给予补贴。2016年2月，上海市确定了首批股权众筹的4家试点单位。

但是，股权众筹改革与现行《证券法》有所冲突，需要等待《证券法》修订或国务院直接授权，而且受制于股权众筹业务清理整顿的整体形势，该项改革举措相关推进工作就此搁浅，相关试点处于暂停状态，政策至今尚未能正式推出。2018年，证监会开始研究重启股权众筹试点工作，制定了《股权众筹试点管理办法草案》，正在向相关部门和地方征求意见。[①] 为此，建议股权众筹试点应体现多层次、多维度，设置不同的准入条件及与之配合的业务内容，包括设置不同融资规模上限、允许不同层次的投资者参与等。

为开展股权众筹融资试点创造条件

1.问题导向

中小微企业因自身具有公司规模小、缺乏核心竞争力、抗风险能力弱、资金链脆弱等特点，在资本市场低迷、社会经济发展不振的状况下，更是难以获得市场融资。随着互联网的发展，"互联网＋金融"不断拓展和创新，第三方支付、手机银行、P2P借贷以及众筹为企业融资提供了多元渠道，有利于缓解中小微企业融资困难。股权众筹是允许初创企业通过互联网平台实现向公众募集资金的融资模式，其避免了传统金融直接融资与间接融资模式的弊端，例如银行借贷、PE、VC融资门槛限制，实现企业融资成本的降低和融资高效率。

据中关村众筹联盟与云投汇、京北众筹和36氪股权投资共同发布的《2017互联网众筹行业现状与发展趋势报告》中的数据显示，截至2016年末，全国股权众筹平台数量共计145家，股权众筹平台新增项目

① 2017年11月，在证监会党委举办的系统会管干部学习贯彻党的十九大精神第一期专题轮训班上，时任证监会主席刘士余也特别指出："积极探索股权众筹试点。"2018年伊始，在指导证监会全年工作的证券期货监管工作会议上，证监会再次提出要开展股权众筹试点工作。为进一步做好2018年证券期货监管立法工作，持续推动证券期货监管法治化建设，完善证券期货监管法律实施规范体系，证监会印发了2018年度立法工作计划，对2018年全年的立法工作做了总体部署。其中特别明确指出：以服务国家战略为导向，提升服务实体经济能力，进一步增强资本市场直接融资功能，改革完善发行上市制度，制定《股权众筹试点管理办法》。

数量共计 3268 个，新增项目成功融资额共计 52.98 亿元，股权众筹平台新增项目投资人次为 5.8 万。

2.具体做法

2015 年 5 月 13 日，时任上海市市长杨雄特别批示"在上海发展互联网金融股权众筹融资试点"[①]。8月，上海出台《关于促进金融服务创新支持上海科技创新中心建设的实施意见》，指出要"推动开展股权众筹融资业务试点"，即"引导、支持大型互联网企业、证券公司、私募股权投资等相关机构依法合规在沪开展股权众筹业务，支持各类股权众筹融资平台创新业务模式、拓展业务领域，推动符合条件的科技创新企业通过股权众筹融资平台募集资金。支持相关交易市场开展股权众筹投资企业股权挂牌及股权众筹投资份额登记、转让等相关业务，健全行业生态系统。提高工商登记便利化，方便股权众筹投资主体注册登记。引导、支持广大投资人通过股权众筹渠道对本市创新、创业企业进行投资"。

市金融服务办公室提出，由上海股权托管交易中心承接构建众筹综合服务平台、开展股权众筹融资试点工作的任务，并牵头落地一个综合的股权众筹平台。上海股权托管交易中心拟定相关的方案和规则，并已召开数次研讨会，同银行就资金结算等事项达成了共识。同时，市工商局将针对股权众筹工作简化企业注册程序，市科委将针对科技创新型中小微企业进行大力扶持同时考虑给予补贴。针对天使投资，市政府亦在早前设立了补偿机制。

上海市股权众筹融资试点工作预期呈现四大业务特色：上股交被定位为服务众筹服务机构的综合金融服务平台；推出股权、债券等多种众筹产品；以科技创新型中小微企业为服务重点；低成本、高效率推动融资。

---

① 2015 年 5 月 13 日，众筹业务研讨会在上海股权托管交易中心召开。上海市金融服务办公室金融创新处处长许耀武传达上海市市长杨雄的重要批示，将在上海发展互联网金融股权众筹融资试点。

3. 改革障碍

国务院《上海系统推进全面创新改革试验加快建设具有全球影响力的科技创新中心方案》中提到，制度创新的前提是符合国家规定。换言之，上海市开展股权众筹融资试点，仍需要等待《中华人民共和国证券法》修订或国务院直接授权。而根据现行《中华人民共和国证券法》第十条规定，公开发行证券，必须符合法律、行政法规规定的条件，并依法报经国务院证券监督管理机构或者国务院授权的部门核准，未经依法核准，任何单位和个人不得公开发行证券，有下列情形之一的，为公开发行：向不特定对象发行证券的；向特定对象发行证券累计超过二百人的；法律、行政法规规定的其他发行行为。"一方面，股权众筹面向公众和宣传方式的公开性的行为，都属于公开发行，需经务院证券监督管理机构或者国务院授权的部门核准。而把股权众筹定性为私募，必须满足非公开发行证券的要求就使股权众筹陷入法律困境。另一方面，非公开发行200人的上限，仅仅面向少数投资者，难以满足融资方对项目资金的需求"。由此可见，在现行法律法规框架下，股权众筹的性质定位于"公开、小额、大众"，受制于"200人上限"的问题。

2016年10月，国务院证监会等15部委联合印发《股权众筹风险专项整治工作实施方案》。方案将互联网股权融资平台的以下几种行为纳入整治重点：以"股权众筹"等名义从事股权融资业务；以"股权众筹"名义募集私募股权投资基金；平台上的融资者未经批准，擅自公开或者变相公开发行股票；通过虚构或夸大平台实力、融资项目信息和回报等方法，进行虚假宣传，误导投资者等。上海市严格按照方案进行风险整治，但并未出台针对股权众筹交易行为的具体规定和风险监管。

而且，上海股权托管交易中心反映，该项改革举措为"支持上海地区为开展股权众筹融资试点创造条件"，其中，"创造条件"的政策表述方式较为含糊，尚未明确是否可以开展试点，地方执行机构对于国家的态度尚无把握；此外，在股权众筹领域，缺乏明确的管理办法，给业务开展带来了一定的不确定性。因此，在具体的举措实施上，表现出等待观望的状态。

4.解决思路

针对股权众筹可能引发的风险，可以通过下列方式予以应对：

（1）引入"监管沙箱"制度进一步加以引导、规制。英国金融行为监管局（Financial Conduct Authority，简称FCA）率先提出"监管沙箱"（Regulatory Sandbox），拟在限定的范围内简化市场准入标准和流程，在确保金融消费者合法权益的前提下允许金融科技创新企业快速落地运营，并根据其在"监管沙箱"内的测试情况准予推广。

（2）引入以信息披露为核心的公开募集豁免机制。股权众筹试点工作应当与国家有关主管部门协商申请公开募集豁免机制，当单个投资者投资数额低于10万元、总融资额低于500万元时，融资者可以豁免《证券法》对公开发行证券的审核，采取公开方式发行证券或向不特定对象发行证券。通过股权众筹募集资金导致公司股东人数超过200人的，按《非上市公众公司监督管理办法》管理监督。

（3）建立股权众筹登记管理规则。借鉴美国的经验，采取中介商（经纪交易商）为交易主体的场外股权交易市场具有较强的市场活跃性，股权众筹也是以参与人为市场的主要参与主体。不同于证券交易所，股权众筹应当尽可能降低对交易企业的门槛要求。股权众筹平台适用负面清单制度，除了不符合法律法规明确规定的企业，或是交易需要特殊审批的企业，其他企业只要提交交易应当提供的材料文件，均可以在股权众筹平台进行交易，而不必要有经营年限、财务报告等指标要求。较低的准入门槛并不等同于放任鱼龙混杂的企业在市场上进行交易，企业股权众筹平台交易成功以后，应当注重企业后期的管理和监督。股权众筹平台应当制定明确、可操作的企业暂停、恢复交易和退市的规则，建立对交易企业的动态管理制度。

（4）在股权众筹试点具体开展上，应当坚持点面结合，分层次、分梯队、分类型的股权众筹试点，既选择蚂蚁金服等互联网巨头，也选择上海爱就投等有特色的众筹平台，以主体形式开展股权众筹试点、也在上海市等有众筹金融基础和经验的地区以区域形式开展试点。

四、外在环境条件突变延缓改革进程

在探索设立服务于现代科技类企业的专业证券机构方面，上海市根据改革举措的要求，积极设立并培育相关类型的专业性证券机构，其中以券商直投公司为主，为科技企业提供债权融资、股权投资、夹层投资、并购融资等融资服务，从而大力提高证券市场对科技创新的支持能力。

但是，国家自 2016 年起对金融领域的监管政策更加趋于严格化，导致股权众筹试点的步伐放慢。2016 年 12 月 30 日，中国证券业协会发布了《证券公司私募基金子公司管理规范》和《证券公司另类投资子公司管理规范》，再度加强对券商直投业务的监管，根据监管要求，全国 60 多家券商直投子公司，要在一年内转型为证券公司私募基金子公司。新规对"保荐＋直投"模式做出限制，不仅明令禁止券商在实质保荐业务开展前的突击入股，而且指出，私募基金子公司与证券公司其他子公司应当在人员、机构、经营管理等方面有效隔离。新规对该项举措形成一定的负面影响，相关主体均持等待观望的态度。

探索设立服务于现代科技类企业的专业证券机构

1.问题导向

从证券市场对科技创新的支持来看，尚显力度不足。其中，创业板尤为显著，其"对上市公司的净利润、收入、资产、股本等有严格要求，已在创业板上市的企业大多处于成长期或成熟期，不合适初创期科技企业，并且由于上市融资增值倍数较高，一些非高科技中小企业也通过创业板融资，对真正的科技型中小企业形成挤出效应"，难以真正发挥对科技创新的支持作用。

相对而言，新三板市场中的做市商制度则有望成为支持科技创新的重要保障。做市商制度对整个新三板市场的交易、定价起着至关重要的作用，其中券商做市的功能相当强大。对科技型企业来说，证券公司"不仅可以为企业提供债权融资和股权融资服务，帮助实体企业以较低的资金成本获取长期稳定资金支持企业长期发展，还可以在企业发展过程中为企业提供并购重组、财务顾问等专业服务帮助企业发展"。如何将此类券商机构引入科技创新生态，探索设立服务于现代科技类企业的专业券商直投机构，使之成为科技型中小企业的支持力量，则是全面创新改革试验的题中应有之意。

2. 举措内涵

关于券商直投，事实上，早在 20 世纪 90 年代初，就已有部分证券公司尝试开展相关业务。然而，由于部分证券公司在进行直接投资的过程中出现了一些违规行为，导致券商直投业务曾在 2001 年 4 月被中国证监会叫停。2006 年 2 月，国务院颁布《关于实施〈国家中长期科学和技术发展规划纲要（2006—2020 年）〉若干配套政策的通知》，明确指出允许证券公司在符合法律法规和有关监管规定的前提下，可以开展创业风险投资业务。2007 年 9 月，中国证监会批准中信、中金公司开展直接投资业务试点。2011 年 7 月，中国证监会公布《证券公司直接投资业务监管指引》，正式将券商直投业务纳入常规监管，其中包含两大亮点：一是明确对备受市场关注的"保荐＋直投"模式进行限制，规定"担任拟上市企业的辅导机构、财务顾问、保荐机构或者主承销商的，自签订有关协议或实质开展相关业务之日起，公司的直接投资子公司、直接投资基金、产业基金及基金管理机构，不得再投资该拟上市企业"；

二是券商直投公司募集基金放行，明确直投公司可以设立直投基金，筹集并管理客户资金进行股权投资。2012年11月，中国证券业协会发布《证券公司直接投资业务规范》，明确了直投基金备案、直投业务规则、内部控制、直投从业人员、自律管理等相关规定。2014年1月，中国证券业协会对2012年版的《证券公司直接投资业务规范》进行修订，对直投业务范围作出扩大调整，加入债权投资和提供融资顾问和管理服务；适当拓宽闲置资金的投资范围，增加了企业债、中小企业私募债，以及在境内银行间市场交易的短期融资券、中期票据、中小企业集合票据等公司债券交易品种；将具有较高风险识别与承受能力且投资额不低于1000万元人民币的个人投资者纳入合格投资者范围。2014年12月，中国证券业协会下发《证券公司直接投资业务子公司管理暂行规定（征求意见稿）》，针对直投设立门槛、股东多元化、业务范围、行为规范和内部控制提出明确要求。

其中，在2014年修订版的《证券公司直接投资业务规范》中规定，券商直投基金类型可以为股权投资基金、创业投资基金、并购基金、夹层基金、FOFs等多种类型基金。自此，各大券商继续通过并购重组、"新三板"、中小企业私募债等业务积极寻求业务转型，直投业务开始从以Pre-IPO类型的直投项目为主，转向多元化投资模式和投资策略的摸索阶段，产品亦渐趋多元化。个人投资者在约定条件下被纳入合格投资者的范围，证券经营机构被鼓励设立并购基金、夹层基金、产业基金等直投基金。此外还有《证券公司直接投资业务子公司管理暂行规定（征求意见稿）》对直投子公司设立门槛的进一步降低、直投子公司股东的多元化，都为券商直接投资营造了宽松的氛围。

探索设立服务于现代科技类企业的专业证券机构，特别是券商直投机构，其主要是旨在通过直投基金，在科技类企业的投资中可拥有更多的主动性，既可以投资分享基金收益，又可以参与基金公司管理，享有更多的决策话语权，从而更好地促进科技类企业的发展。

3.具体做法

证券公司作为金融市场上提供直接融资服务的核心中介机构，在多层次资本市场的发展过程中也发挥着不可替代的作用。根据全面创新改革试验的任务要求以及证监会的相关规定，上海市设立了9家券商直投公司（下设47家子公司），为科技企业提供债权融资、股权投资、夹层投资、并购融资等融资服务。并且，依托张江自主创新示范区开展相关试点，从业务上与现有的证券公司区别开来，及允许新设立的券商直投机构从事资产管理、财务顾问、投资咨询、证券自营等业务，但是明确了融资融券业务不在其中之列。同时，定位于科技创新企业的相关需求，新设立的券商直投机构将设立一些专门化的指标，例如客户中科技类企业的数量占比，服务科技类企业的营收入在总收入中的占比等。通过直投基金的带头作用，可以引导社会资本投向科技型、创新型中小企业，并为企业提供改制辅导、推荐挂牌、定向增资、重组购并、代理买卖等业务，为上海国际金融中心、科创中心建设作出新的贡献。

4.改革障碍

2016年下半年，国家金融监管政策趋严趋紧。2016年12月30日，中国证券业协会发布了《证券公司私募基金子公司管理规范》和《证券公司另类投资子公司管理规范》，这是2014年对旧版《证券公司直接投资业务规范》修订以来在券商直投领域发布的最重要的文件。新规有三个方面对直投行业造成较大影响：一是要求券商直投业务的架构趋于精简化、明晰化，如基金子公司数量不得超过1个，且必须单独从事投资业务，不得下设"综合性投资业务的孙公司"；二是强化母公司对子公司的风险控制和资本约束，明确规定了母公司对直投业务的监管责任，要求其对相关风险进行兜底；三是提升了中国证券业协会对券商直投的风险管理力度，要求券商直投机构要定期上传月报、季报和年报。上述整改工作要求在一年之内完成,给券商直投机构带来了较大的工作量和压力,导致很多券商直投"暂时中止了所有投资业务"。

此外,新规中对"保荐+直投"模式的认定标准发生了更改,有望让这一利益输送模式彻底绝迹。"保荐+直投"模式是指券商直投突击入股自己保荐的拟上市公司,从而形成利益输送。2007年券商直投试点开始后,该现象一度非常严重。新规发布后,将采用更灵活的"签订投资协议与实质开展保荐业务孰先"原则,导致"这一广受诟病的模式有望正式退出市场"。

5.解决思路

"证券行业作为整个金融产业价值链的核心枢纽,其首要目的是财富管理,即帮助投资者提高投资决策效率和投资收益"。我国券商很长一段时间以来都"以经纪业务为主",其经营的业务大多围绕经纪功能设计。因此,以科技型企业为主要客户群的券商,应将收入利润来源和业务重心逐步"转向财富管理、资产管理、投资顾问和融资融券等业务",致力于"解决投资人和筹资人之间的信息不对称问题"。

同时,可以尝试建立小微型券商制度。选择部分在上海股权托管交易中心从事挂牌推荐、证券财务顾问、证券投资咨询业务的,并经上海股交中心出具相关意见的投资公司,经审查使之成为专门服务区域性股权交易市场的小微券商。

小　　结

综上所述,在推进障碍类的举措中,之所以会出现改革推进不力的问题,主要是由于4个方面的问题所导致。

一是改革举措本身存在较大风险隐患,局部领域"单兵突进式"的改革往往缺乏相关领域的政策支持,从而可能会致使隐患的释出、放大,甚至引发不可控的系统性风险，如简化外商投资管理。

二是改革主体自身存在先天缺陷不足，改革试验区域及改革主体的资质尚且存在一定的短板，条件不满足、时机不成熟、火候不到位，难以满足相应的改革要求，亟待进一步完善，如新设以服务科技创新为主的民营银行。

三是上级监管部门尚未给予充分授权，部分改革举措可能触及相关法律法规的"红线"，亟须上级监管部门对法律法规进行修改，实现体制层面的变革，或是通过"二次授权"方式"开绿灯"，给予"特事特办"的许可，如为开展股权众筹融资试点创造条件。

四是外在环境条件突变延缓改革进程，以金融为代表的部分领域改革举措受到了宏观环境变化的影响，"计划赶不上变化"，原先的改革任务被迫"中止搁浅"，相关主体处于等待观望状态，无法完成既定的改革目标，如探索设立服务于现代科技类企业的专业证券机构。

第四章

上海市全面创新改革试验的效果评价

第一节　上海市全面创新改革试验的可复制可推广情况

上海市全面创新改革先行先试改革举措总体实施情况：从对先行先试改革举措总体实施落地的情况来看，上海市的改革步伐偏重于"求稳"，在部分改革举措上存在等待观望现象，其注重"做增量"，善于打磨政策细节，保障落实效果。然而，在一些明显存在政策"天花板"的领域，突破力度较小。归结原因，在先行先试改革举措中，相当一部分内容需要国家的"二次授权"。因此，在没有取得更进一步的中央授权之前，有些改革举措进度相对趋缓，成效有待进一步提升（表4.1）。

先行先试改革举措分类实施情况：根据改革举措实施落地进展速度与成效，可以将改革举措分为三类。同时，结合长三角区域一体化的新要求，考虑相应改革举措何时可以在更大范围内进行推广和复制。

第一类，实施落地情况较快，完成效果也较好。这类政策中央层面授权较为充分，地方政府也愿意积极主动予以配合，且改革中形成的具体做法和经验总结已经在全国进行推广复制，如海外人才永久居留便利服务试点、建设海外人才离岸创业基地、探索开展药品审评审批制度改革等。此类政策可以在长三角范围内进行更为深层次的联动探索，将改革的红利在区域内进行集聚与放大。

第二类，实施落地情况进展尚可，但仍需国家进行更多的授权与试点以推动更多的改革成效，如探索开展投贷联动等金融服务模式创新、支持上海股权托管交易中心设立科技创新板、探索发展新型产业技术研发组织。此类政策可以探索在长三角范围内进行先行先试，以长三角实施情况来反映政策可能存在的风险点和改革阻力，并为今后更大区域范围内进行推广复制提供依据。

第三类，实施情况进展缓慢，改革所面临的阻力或是风险较大，受制于国家宏观政策环境，有待进一步破解其中难点，如设立服务于现代科技类企业的专业证券机构、为股权众筹融资试点创造条件、简化外商投资管理。当此类政策在试点城市推进过程中能够取得一定突破时，可再考虑是否需要在长三角区域进行一定程度地推广。

表 4.1　上海市先行先试改革举措四类推进方式的完成方式与完成度

推进方式	改革举措	完成方式					完成度		
		建设载体	设置机构	落实政策	树立典型	建立制度	是否落地	是否协调	可否推广
改革创新类	海外人才永久居留便利服务试点	√	√	√	√	√	√	√	√
	建设海外人才离岸创新创业基地	√	√	√	√	√	√	√	√
	探索开展药品审评审批制度改革	√	√	√	√	√	√	√	√
	药品上市许可持有人制度改革	√	√	√	√	√	√	√	√
	支持银行业金融机构成立科技企业金融服务事业部	√	√	√	√	√	√	√	√
	建立符合科学规律的国家科学中心运行管理制度								

续表

推进方式	改革举措	完成方式					完成度		
		建设载体	设置机构	落实政策	树立典型	建立制度	是否落地	是否协调	可否推广
落实执行类	落实对包括天使投资等创新活动投资的税收支持政策	√	√	√	√	√	√	√	√
	落实探索高新技术企业认定政策	√	√	√	√	√	√	√	√
	落实新修订的研发费用加计扣除政策	√	√	√	√	√	√	√	√
	落实并完善股权激励机制	√	√	√	√	√	√	√	√
实践探索类	探索开展投贷联动等金融服务模式创新	√	√	√	√	√			
	支持上海股权托管交易中心设立科技创新板	√	√	√	√	√	√	√	√
	探索发展新型产业技术研发组织	√	√	√			√		√
推进障碍类	简化外商投资管理								
	新设以服务科技创新为主的民营银行	√			√	√			
	为开展股权众筹融资试点创造条件								
	探索设立服务于现代科技类企业的专业证券机构	√							

注："载体"指运行载体；"机构"指政府设立的监管机构；"典型"指成功落地的个案；"是否协调"指该项举措与现行制度体系的协调度和兼容度。

第二节 上海市全面创新改革试验的受众满意情况

本次《上海市全面创新改革试验情况调查问卷》共收到 123 个有效样本。在全部样本中，114 个样本来自企业，占总样本量的 92.7%；8 个样本来自中央级科研院所，占总样本量的 6.5%；1 个样本来自地方科研院所，占总样本量的 0.8%。

在 114 个企业样本中，从企业规模来看，大、中、小及微型企业分别占 16.7%、26.3%、35.1%、21.0%。不同规模企业的标准见表 4.2。

表 4.2　不同规模企业的标准表

企业类型	从业人数 / 人	年营业收入 / 万元
大型企业	≥ 1000	≥ 40000
中型企业	300 ≤ 人数 <1000	2000 ≤ 收入 <40000
小型企业	20 ≤ 人数 <300	300 ≤ 收入 <2000
微型企业	<20	<300

从企业的所有制类型来看，来自民营企业的样本最多（68.4%），其次分别是外资企业样本占 11.4%，地方国有企业（7.0%），中央企业（3.5%）（图 4.1）。

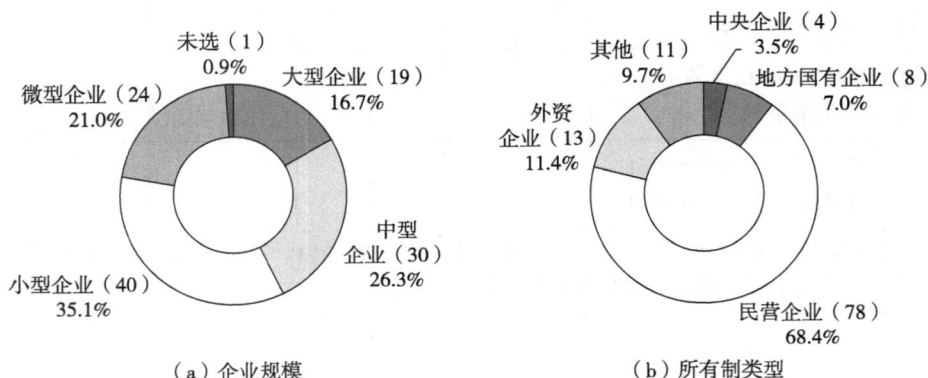

未选（1）
0.9%
大型企业（19）
16.7%
微型企业（24）
21.0%
中型企业（30）
26.3%
小型企业（40）
35.1%

中央企业（4）
3.5%
其他（11）
9.7%
地方国有企业（8）
7.0%
外资企业（13）
11.4%
民营企业（78）
68.4%

（a）企业规模　　　　　　　　　　　（b）所有制类型

图 4.1　114 个企业样本中不同规模、所有制企业的比例

一、对创新改革政策的认知

1. 对创新改革政策的了解情况

对调查结果统计发现，有 57.7% 的调查对象知道《关于在部分区域系统推进全面创新改革试验的总体方案》，但有 42.3% 的调查对象表示不知道这个总体方案。

关于对本地区系统推进全面创新改革试验的了解情况，有 6.5% 的调查对象表示很熟悉，20.3% 的调查对象表示比较熟悉，超过一半（56.1%）的调查对象表示一般了解（图 4.2）。

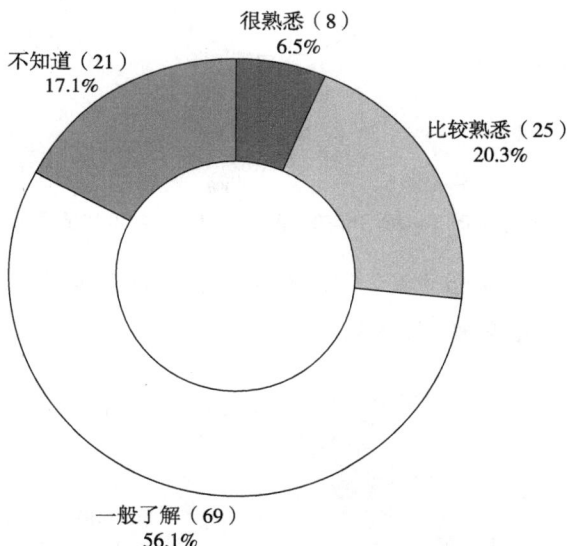

图 4.2 对本地区系统推进全面创新改革试验的了解情况

2. 创新改革政策力度与效果

全面创新改革试验开展 3 年来，被调查对象认为在上海市改革力度最大、效果最明显的两个方面分别是"人才培养和激励"（21.7%）和"科技成果转化"（19.0%），被认可的投票比例约 20%；其次是"开放创新"（16.2%）和"知识产权"（15.9%），二者被认可的投票比例均超过 15%（图 4.3）。

尽管创新改革已经取得了一定的效果，调查对象认为上海市在"人才培养

军民融合（6）
2.1%

其他（1）
0.3%

科技管理体制（21）
7.2%

市场公平竞争（25）
8.6%

开放创新（47）
16.2%

知识产权（46）
15.9%

人才培养和激励（63）
21.7%

科技成果转化（55）
19.0%

金融创新（26）
9.0%

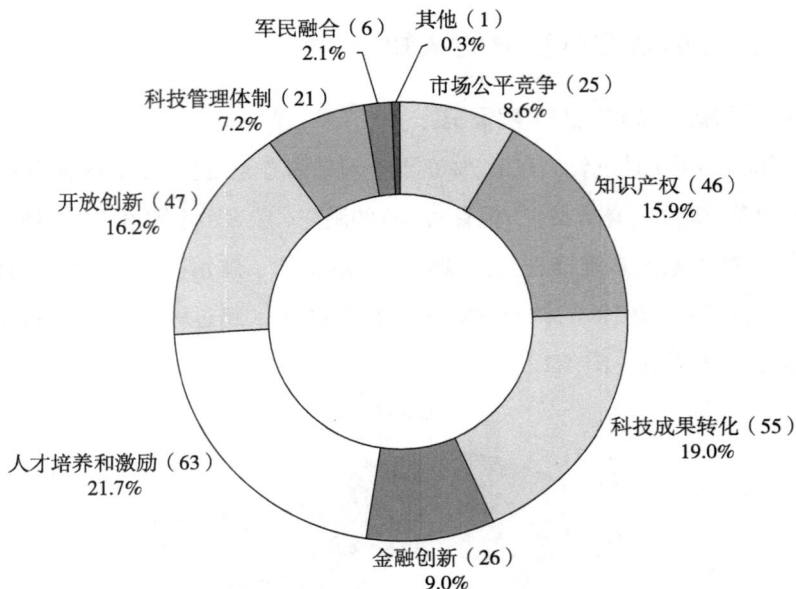

图4.3　开展创新改革试验3年来，改革力度大、效果明显领域的投票比例

和激励"（21.5%）、"开放创新"（15.0%）、"科技管理体制"（14.6%）等方面
仍需要进一步加强或突破（图4.4）。

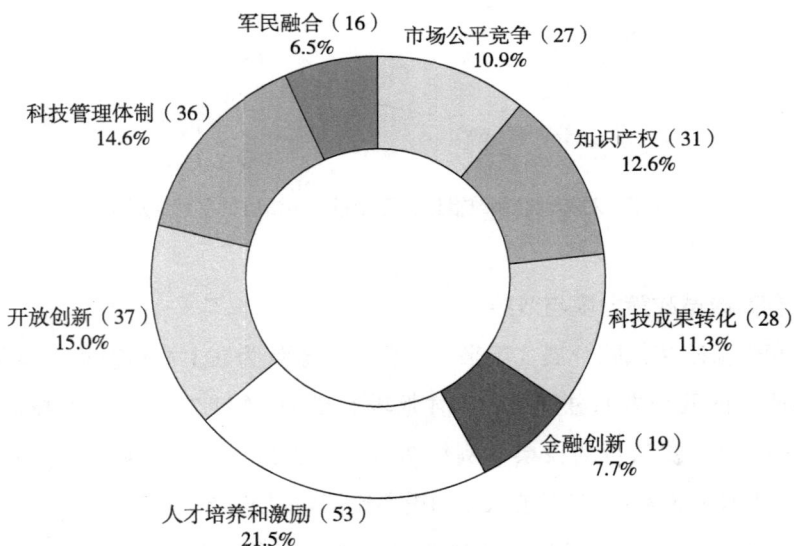

军民融合（16）
6.5%

市场公平竞争（27）
10.9%

科技管理体制（36）
14.6%

知识产权（31）
12.6%

开放创新（37）
15.0%

科技成果转化（28）
11.3%

金融创新（19）
7.7%

人才培养和激励（53）
21.5%

图4.4　需要进一步加强或突破的领域投票比例

全面创新改革试验给上海市带来的被认为变化最明显的前三项是"创新能力大幅增强""科技成果转化明显加快""知识产权质量和效益显著提升",其次是"产业发展总体迈向中高端","知识产权密集型产业在当地经济中的比重大幅提升",以及"形成一批具有国际影响力、拥有知识产权的创新型企业和产业集群"。大多数被调查者认为全面创新改革试验对本地区驱动发展转型的作用很大或较大,其比例达到84.6%(图4.5)。

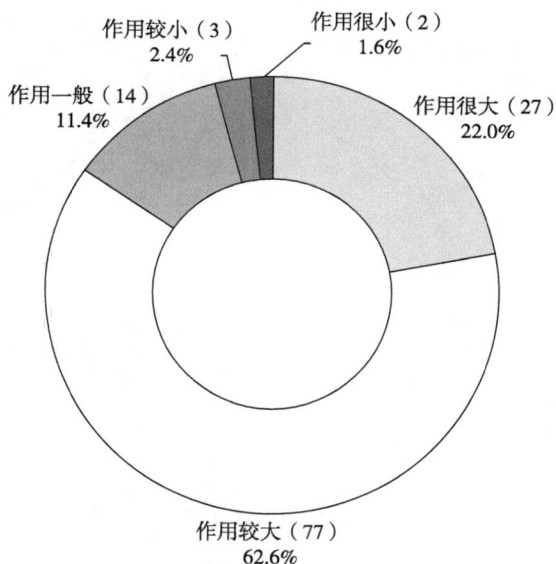

图 4.5　全面创新改革试验对上海市创新驱动发展转型的作用的投票比例

超过半数的被调查者认为本单位从改革试验中收益很多或很多,认为收益一般的占30.9%,而认为收益较少或没有收益的比例是10.6%。其中,认为全面创新改革试验给本单位带来变化最明显的是"科技创新投入(人财物等)明显增加",其次是"创新改革的意识和主动性显著增强""创新的平台建设大大加强""专利等知识产权申请量和授权量增长显著""创新型人才队伍加快建设"。

3. 对创新改革政策满意程度

上海市全面创新改革试验总体来说在调查对象中的满意率高达91%,其中"非常满意"12.2%、"比较满意"52.8%、"一般满意"26.0%。从被调查者中对较不满意或很不满意的选项来看，最受关注的是正在推进的很多改革措施"含金量或突破力不够、没有触及制约创新驱动发展的深层级体制机制障碍"（18.8%）。此外，还受到较多关注的领域包括"改革给创新主体带来的获得感不强"（17.5%），"政策宣传力度不够，对全面创新改革试验了解程度较低"（15.0%）等（图4.6）。

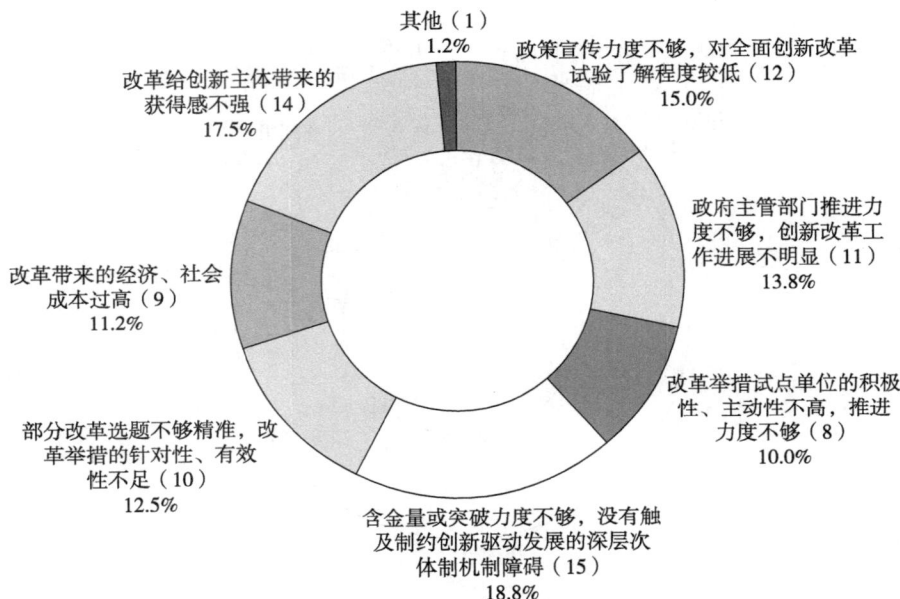

图 4.6　对全面创新改革试验总体效果不满意的主要原因

总体而言，84.6% 的调查对象认为有必要继续深化区域全面创新改革试验，不清楚是否有必要的调查对象比例为13.0%，而有2.4%的调查对象认为没有必要。

二、对重点改革举措的评价

1. 相关改革措施的受关注程度

全面创新改革涉及的领域有很多方面，如市场公平竞争、知识产权、科技成果转化、金融创新、人才培养、开放创新、科技管理体制改革、财税政策、军民融合等。在诸多的改革措施领域中，受本单位关注和欢迎的改革措施有市场公平竞争、知识产权、科技成果转化、财税政策等方面。其中，在市场公平竞争领域施行的"推进相对集中行政许可权改革试点"举措的投票率达47.6%，高于其他措施；随后是财税政策方面的"完善企业研发费用加计扣除政策"和"高新技术企业认定办法修订和完善"两项措施分别获得29.0%和21.8%的投票率；知识产权领域的"完善知识产权综合执法和审判审理机制"的投票率为21.0%。另外，人才培养、知识产权方面的多项政策也有较高的投票率。相对而言，开放创新、科技管理体制改革、军民融合等领域的受关注和欢迎程度偏低，这可能与调查对象中高等学校、科研院所、军工科研院所的样本比例较少有关（图4.7）。

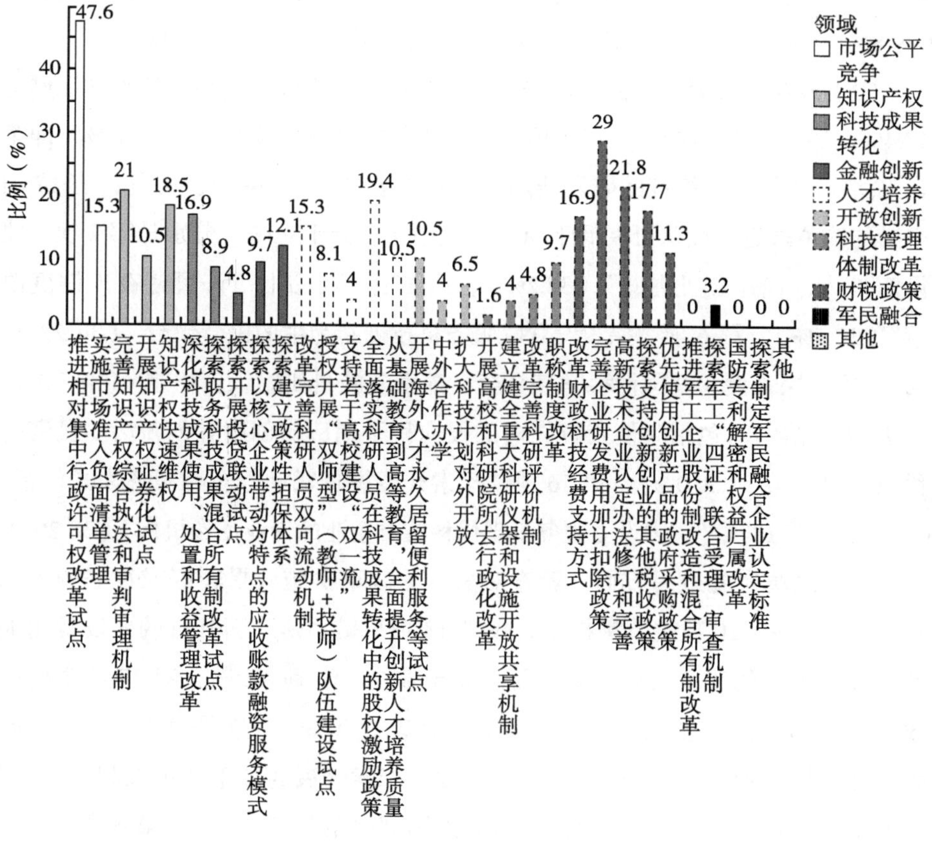

图 4.7　调查对象本单位关注和欢迎的举措

2. 对地区先行先试改革措施的评价

在国家授权上海市先行先试改革举措中，调查对象分别从政策突破程度、改革推进力度和改革实施效果 3 个方面对 20 项改革举措进行了评价（图 4.8）：

（1）政策突破程度方面，调查对象认为突破程度较高或高的平均比例为 45.8%。20 项改革举措中，第 13 项举措"落实新修订的研发费用加计扣除政策"和第 14 项"落实探索高新技术企业认定政策"共两项政策突破程度认可度高于 60%，分别为 62.6% 和 61.0%。有 15 项举措的政策突破程度认可度低于 50%，其中 4 项低于 40%，分别是第 3 项"探索开展药品审评审批制度改革"（39.1%）、第 4 项"药品上市许可持有人制度改革"（35.0%）、第 12 项"落实对包括天使投资在内的投向种子期、初创期等创新活动投资的税收支持政策"（39.8%）、第 16 项"探索开展投贷联动等金融服务模式创新"（38.2%）。

（2）改革推进力度方面，调查对象认为推进力度较大或很大的平均比例为 43.4%。20 项改革举措中，有 1 项举措的改革推进力度认可度高于 60%，即第 13 项举措"落实新修订的研发费用加计扣除政策"（62.6%）。另外，有 17 项举措的改革推进力度认可度低于 50%，其中 7 项低于 40%，分别是第 2 项"建设海外人才离岸创业基地"（38.2%）、第 4 项"药品上市许可持有人制度改革"（32.5%）、第 6 项"探索设立以服务科技创新为主的民营银行"（34.9%）、第 10 项"探索设立全国性科学基金会，探索实施科研组织新体制"（38.3%）、第 12 项"落实对包括天使投资在内的投向种子期、初创期等创新活动投资的税收支持政策"（39.0%）、第 16 项"探索开展投贷联动等金融服务模式创新"（38.2%）、第 18 项"探索设立服务于现代科技类企业的专业证券机构"（38.2%）。

（3）改革实施效果方面，调查对象认为改革实施效果较好或很好的平均比例为 44.4%。20 项改革举措中，仅第 13 项举措"落实新修订的研发费用加计扣除政策"的改革实施效果认可度高于 60%，达到 63.5%。有 17 项举措的改革推进力度认可度低于 50%，其中 6 项低于 40%，分别是第 2 项"建设海外人才离岸创业基地"（39.8%）、第 3 项"探索开展药品审评审批制度改革"（39.8%）、第 4 项"药品上市许可持有人制度改革"（35.0%）、第 6 项"探索设立以服务科技创新为主的民营银行"（33.3%）、第 16 项"探索开展投贷联

颜色标尺（%）：0　10　20　30　40

改革举措	1.政策突破程度						2.改革推进度						3.改革实施效果					
	很高	较高	一般	较低	很低	不清楚	很大	较大	一般	较小	很小	不清楚	很好	较好	一般	较差	很差	不清楚
1.海外人才永久居留便利服务试点	8.9	43.1	26.8	0.8	0	20.3	8.9	42.3	23.6	1.6	0	23.6	9.8	44.7	20.3	0.8	0	24.4
2.建设海外人才创业基地	9.8	30.9	34.1	0.8	0	24.4	7.3	30.9	27.6	1.6	0	32.5	8.9	30.9	26	2.4	0	31.7
3.探索开展药品审评审批制度改革	10.6	28.5	24.4	4.1	0	32.5	13.8	26.8	19.5	3.3	0.8	35.8	8.9	30.9	22	1.6	0	36.6
4.药品上市许可持有人制度改革	11.4	23.6	26	5.7	0	33.3	13.8	18.7	28.5	3.3	0.8	35	11.4	23.6	28.5	1.6	0	35
5.探索发展新型产业技术研发组织	8.9	33.3	31.7	2.4	0	18.7	13	31.7	26.8	4.1	0	25.2	10.6	37.4	24.4	2.4	0	24.4
6.探索设立以服务创新为主的民营银行	8.9	31.7	27.6	4.9	0.8	26	8.1	26.8	30.9	4.1	0.8	29.3	8.9	24.4	32.5	2.4	0	31.7
7.支持符合条件的银行业金融机构成立科技企业金融服务事业部	8.9	35	22.8	4.9	0.8	27.6	8.9	33.3	23.6	3.3	0	30.9	11.4	30.9	26.8	2.4	0	26.8
8.完善重大科技基础设施运行保障机制	12.2	35	30.9	2.4	0	19.5	13	30.9	34.1	1.6	0	20.3	10.6	36.6	28.5	3.3	0	21.1
9.对国家科学中心及发起国家科学交叉前沿研究计划	8.1	48	17.9	4.1	0	22												
10.探索设立全国性科学基金会，探索实施科研组织新体制	11.4	30.9	27.6	4.1	0.8	25.2	9.8	28.5	29.3	4.1	0.8	27.6	8.9	33.3	28.5	2.4	0	25.2
11.建立生命科学领域等研究项目财政审批绿色通道	12.2	28.6	24.4	4.9	0	30.1	15.4	25.2	28	2.4	0	30.1	13	29.3	28.5	1.6	0	32.6
12.落实对包括天使投资在内的投向种子期、初创期等创新活动投资的税收支持政策	12.2	27.6	30.1	6.5	0.8	22.8	11.4	27.6	29.3	1.6	0.8	29.3	11.4	29.3	29.3	0.8	0	29.3
13.落实新修订的研发费用加计扣除政策	29.3	33.3	30.3	2.3	0	13.8	13.8		39.8	19.5	2.4	15.4	22.8	40.7	19.5	0.8	0	16.3
14.落实探索高新技术企业认定政策	23.6	37.4	22	3.3	0	13.8	13.8	13.8	33.3	29.3	0		20.3	34.1	26.8	1.6	0	17.1
15.落实并完善股权激励机制	20.3	33.3	25.2	2.4	1.6	17.1	15.9	27.6	30.1	3.3	0	19.5	19.5	28.5	27.6	1.6	0	22.8
16.探索开展投贷联动等金融服务模式创新	8.9	29.3	30.1	4.9	0.8	26	8.1	30.1	30.1	3.3	0	28.5	13	29.3	30.1	1.6	0	30.1
17.支持上海股权托管交易中心设立科技创新板	15.4	30.9	21.1	4.1	0.8	27.6	13	32.5	26	4.9	0	27.6	14.6	28.5	23.6	3.3	0	29.3
18.探索设立服务于现代科技类企业的专业券商机构	14.6	27.6	28.5	4.9	0	23.6	12.2	26	26	30.1	3.3	28.5	11.4	28.5	25.2	4.1	0	30.9
19.支持上海为开展股权众筹融资试点创造条件	15.4	31.7	22.8	3.3	0.8	26	13	29.3	24.4	2.4	1.6	29.3	13	30.1	25.2	0.8	0	29.3
20.简化外商投资管理	14.6	26	27.6	5.7	0	15.4	15.4	29.3	24.4	2.4	2.4	26	13.8	29.3	26	2.4	0	26.8

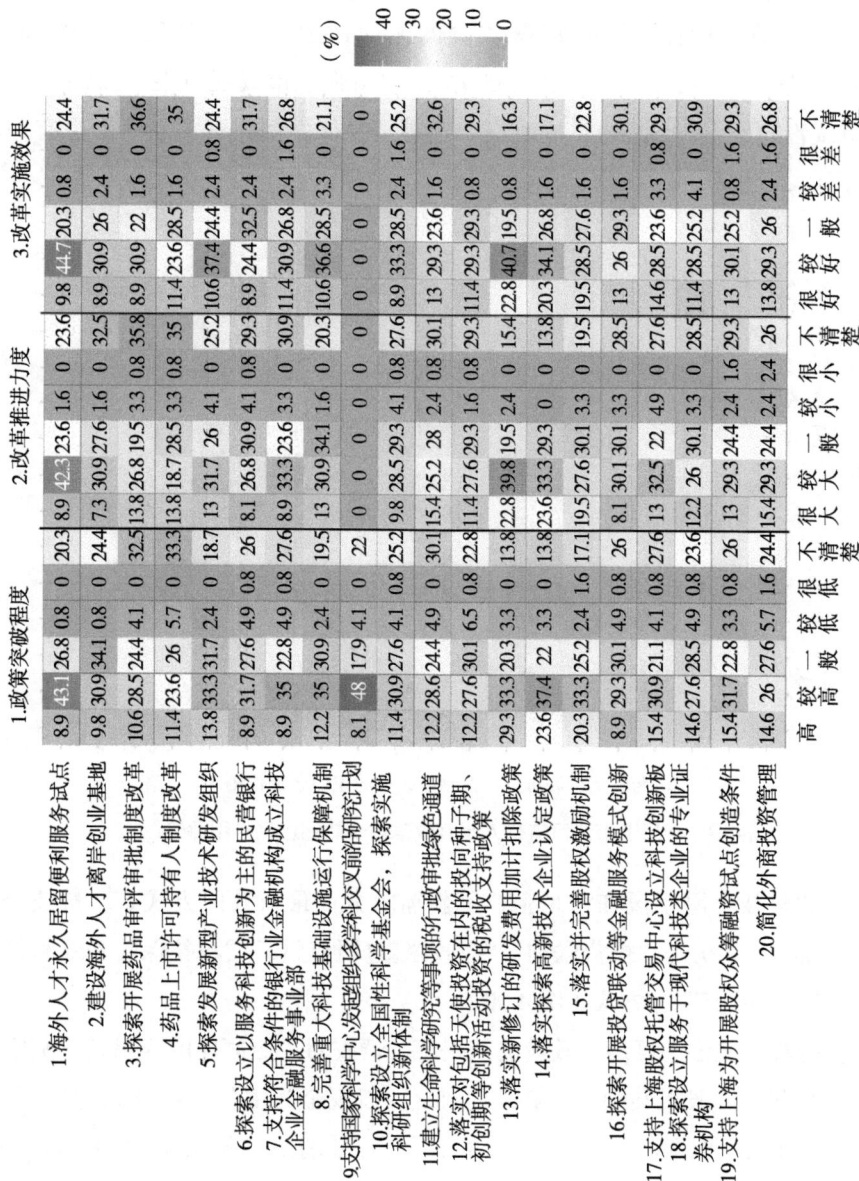

图4.8　调查对象对国家授权本试验区域先行先试改革举措的看法

动等金融服务模式创新"（39.0%）、第18项"探索设立服务于现代科技类企业的专业证券机构"（39.9%）。

药品上市许可持有人制度改革对个体的正向激励作用主要体现在三个方面（图4.9），即"保护了知识产权"（35.0%）、"增强了市场规范性"（24.1%）、"减少重复性建设"（22.2%），同时在"理顺了主体之间权责关系"上也有一定作用。

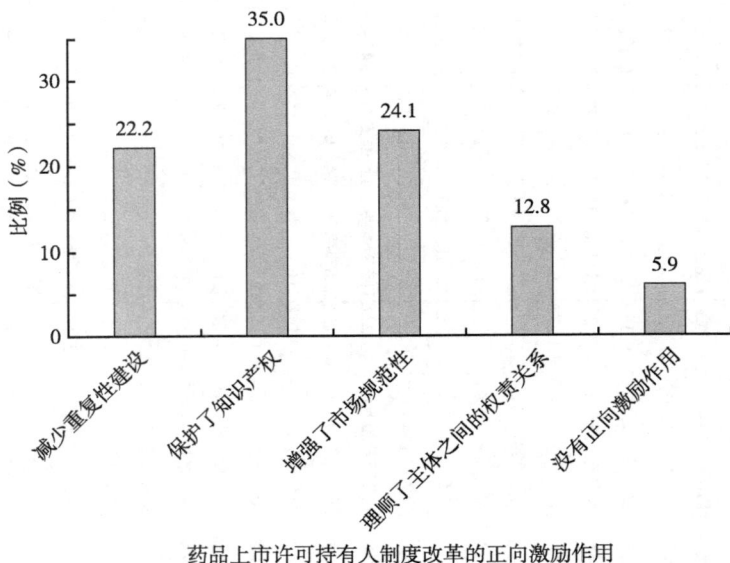

药品上市许可持有人制度改革的正向激励作用

图4.9　药品上市许可持有人制度改革对个体的激励作用评价

现有的科技金融手段在满足企业创新需求方面最有效的方式是"科技贷款"（33.6%），其次是"投贷联动""应收账款质押融资""科技保险和专利保险""股权众筹融资"等方式（图4.10）。

在实行股权奖励递延纳税政策的前提下，调查对象更倾向的成果转化奖励方式是现金奖励、股权奖励"二者兼而有之，以现金为主"（44.7%）；其次是"二者兼而有之，以股权为主"（26.8%）；之后分别是"股权奖励"（13.0%）和"现金奖励"（8.9%）。

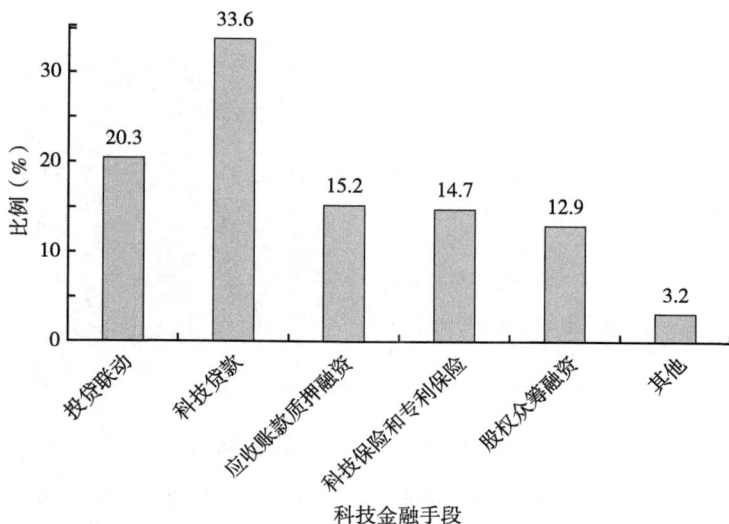

图 4.10　现有科技金融手段对企业创新需求的有效性评价

3. 改革措施推广情况

针对国务院于 2017 年 9 月面向全国各地或各试验区域部署推广的 13 项创新改革举措在调查对象单位所在省市的复制推广情况的问题，推广效果很好和较好两部分合计比例的平均值为 45.9%，最高值是第 1 项"专利快速审查、确权、维权一站式服务"（58.7%），最低值是第 10 项"以股权为纽带的军民两用技术联盟创新合作"（34.2%）。低于 50% 的举措有 8 项，分别是第 2 项"以关联企业从产业链核心龙头企业获得的应收账款为质押的融资服务"、第 4 项"贷款、保险、财政风险补偿捆绑的专利权质押融资服务"、第 5 项"强化创新导向的国有企业考核与激励"、第 6 项"事业单位可采取年薪制、协议工资制、项目工资等灵活多样的分配形式引进紧缺或高层次人才"、第 7 项"事业单位编制省内统筹使用"、第 9 项"军民大型国防科研仪器设备整合共享"、第 10 项"以股权为纽带的军民两用技术联盟创新合作"、第 11 项"民口企业配套核心军品的认定和准入标准"（图 4.11）。

推广效果

	很好	较好	一般	较差	很差	不清楚
1.专利快速审查、确权、维权一站式服务	15.7	43	23.1	0.8	0	17.4
2. 以关联企业从产业链核心龙头企业获得的应收账款为质押的融资服务	13	33.3	26.8	0.8	0	26
3.面向中小企业的一站式投融资信息服务	15.4	37.4	21.1	0	0	26
4.贷款、保险、财政风险补偿捆绑的专利权质押融资服务	13	28.5	32.5	1.6	0	24.4
5.强化创新导向的国有企业考核与激励	13	31.7	26	0.8	0	28.5
6.事业单位可采取年薪制、协议工资制、项目工资等灵活多样的分配形式引进紧缺或高层次人才	13	28.5	26	2.4	0	30.1
7.事业单位编制省内统筹使用	9.8	28.5	26	0.8	0	35
8.国税地税联合办税	24.4	29.3	28.5	1.6	0	16.3
9.军民大型国防科研仪器设备整合共享	9.8	28.5	28.5	0.8	0	32.5
10.以股权为纽带的军民两用技术联盟创新合作	10.6	23.6	31.7	0.8	0	33.3
11.民口企业配套核心军品的认定和准入标准	10.6	28.5	26.8	1.6	0	32.5
12.鼓励引导优秀外国留学生在华就业创业	17.9	35	25.2	2.4	0	19.5
13.积极引进外籍高层次人才,简化来华工作手续办理流程	19.5	35.8	25.2	0.8	0	18.7

（%）

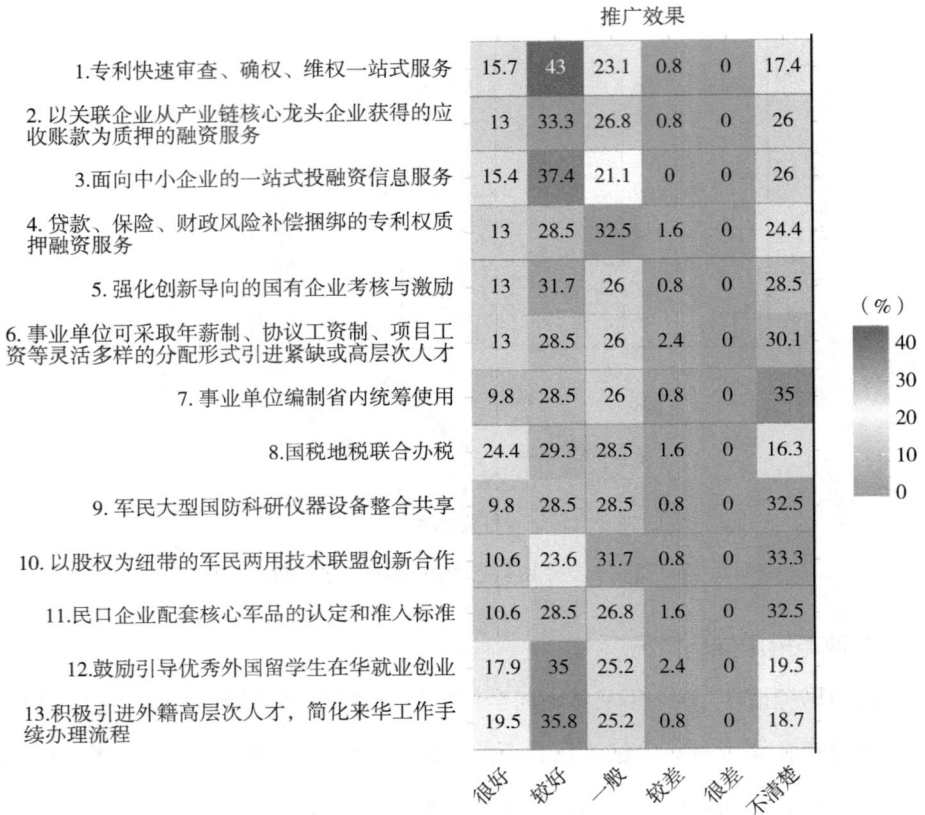

图 4.11　创新改革举措在本单位所在省市的复制推广情况

在对本地区正在开展的 5 项重点改革举措及其推广实施看法问卷中，调查对象分别从初步实施效果、推广的意义和价值、适合推广的范围三个方面对 5 项改革举措进行了评价（图 4.12）：

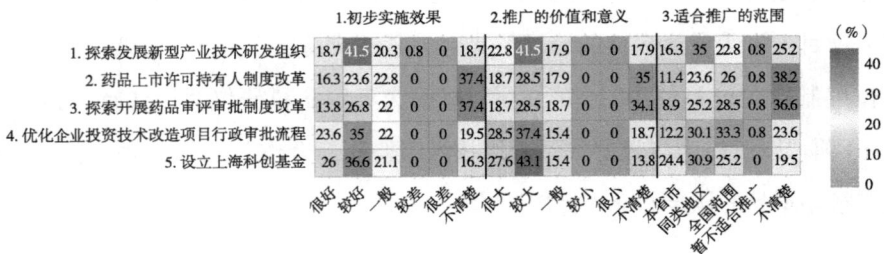

	1.初步实施效果						2.推广的价值和意义						3.适合推广的范围				
	很好	较好	一般	较差	很差	不清楚	很大	较大	一般	较小	很小	不清楚	本省市	同类地区	全国范围	暂不适合推广	不清楚
1.探索发展新型产业技术研发组织	18.7	41.5	20.3	0.8	0	18.7	22.8	41.5	17.9	0	0	17.9	16.3	35	22.8	0.8	25.2
2.药品上市许可持有人制度改革	16.3	23.6	22.8	0	0	37.4	18.7	28.5	17.9	0	0	35	11.4	23.6	26	0.8	38.2
3.探索开展药品审评审批制度改革	13.8	26.8	22	0	0	37.4	18.7	28.5	18.7	0	0	34.1	8.9	25.2	28.5	0.8	36.6
4.优化企业投资技术改造项目行政审批流程	23.6	35	22	0	0	19.5	28.5	37.4	15.4	0	0	18.7	12.2	30.1	33.3	0.8	23.6
5.设立上海科创基金	26	36.6	21.1	0	0	16.3	27.6	43.1	15.4	0	0	13.8	24.4	30.9	25.2	0	19.5

（%）

图 4.12　从三方面对改革举措的评价情况

（1）初步实施效果方面：调查对象认为 5 项改革举措中实施效果较好或很好的平均比例为 52.4%。其中，有 2 项举措的实施效果的认可度高于 60%，分别是第 1 项（60.2%）和第 5 项（62.6%）。各项举措中，实施效果认可度最低的是第 2 项举措（39.9%）。

（2）推广的价值和意义方面：调查对象认为 5 项改革举措中推广价值和意义较大或很大的平均比例为 59.1%。3 项举措的推广价值和意义的认可度高于 60%，并且其中 1 项高于 70%，3 项分别是第 1 项（64.3%）、第 4 项（65.9%）和第 5 项（70.7%）。另外 2 项举措的推广价值和意义的认可度均为 47.2%。

（3）适用推广范围方面：第 1、4、5 项被认为更适合在全国和同类地区推广，而另外 2 项的使用推广范围则不十分清楚。

第三节　上海市全面创新改革试验的成效评价与特征研判

总体来看，上海市全面创新改革试验的成效呈现出"一降两升"的特点，即大幅降低创新创业成本，大幅提升创新主体活跃度，大幅提升创业成果产量和质量。

一、成效评价

1. 营造创新环境，大幅降低创新创业成本

一是财税支持政策的覆盖面更广、普惠度更大、优惠额更高。上海市全力落实新修订的研发费用加计扣除、高新技术企业认定政策，2016 年、2017 年两年落实上年度加计扣除额分别同比增长了 21.5% 和 43.1%，受惠企业数比上年增长幅度分别为 16.1% 和 43.9%；截至 2017 年末，全市高新技术企业共7642 家，累计总数较新政实施前增长 14.28%，享受所得税优惠额比上年增长13.4%，其中，2017 年上海市高新技术企业户均减免税金额 419.61 万元，是全国平均水平的 3.3 倍。争取财政部、税务总局发布创业投资企业和天使投资个人税收试点政策，将创业投资税收优惠政策享受主体由中小高新技术企业扩大到种子期、初创期的科技型企业，允许将投资额的 70% 抵扣当年应纳税所

得额，上海圣剑网络科技股份有限公司及其 4 名自然人股东享受了全国首单天使投资个税优惠政策。修订《张江国家自主创新示范区企业股权和分红激励办法》，实施股权奖励递延纳税政策，新政实施以来递延税额共计 8375.8 万元，政策惠及企业 37 户近 2000 余人，其中，上海理工大学太赫兹科研团队（估值高达 2900 万元的股权奖励）得以递延缴纳个人所得税 1035.09 万元。

二是科技金融服务的专业化更强、创新度更深、实效性更好。上海市积极培育各类专业化的科技企业金融服务事业部，截至 2017 年末，辖内共有科技特色支行 89 家、挂牌科技支行 7 家，科技企业贷款余额为 97.34 亿元；总体来看，辖内科技型企业科技金融贷款存量数为 5235 户，贷款余额 2071.27 亿元，较年初增长 38.05%，高于同期辖内银行业各项贷款增速 25.15 个百分点。探索开展投贷联动等金融服务模式创新，截至 2017 年末，投贷联动项下贷款存量家数 315 家，贷款余额合计 60.90 亿元，年增长率为 133.06%；2016 年以来，辖内相关银行业金融机构已累计为 391 家科创企业提供投贷联动服务，累计发放贷款 139.22 亿元，其中，华瑞银行、上海银行、浦发硅谷银行 3 家试点银行累计为 311 家科创企业发放贷款 105.9 亿元，无不良贷款，取得良好效果。成立专门服务于科技型中小企业的上海股权托管交易中心"科技创新板"，目前挂牌企业总量达到 180 家，分布于先进制造、信息技术、节能环保等 20 个新兴行业，挂牌企业共获得发明专利 238 项、软件著作权 786 项，已有 120 家次挂牌企业在挂牌前后实现股权融资额 17.35 亿元，139 家次企业通过银行信用贷、股权质押贷及科技履约贷模式实现债权融资 8.98 亿元。天使投资、创业投资加速发展，目前，上海创投引导基金累计投资 41 家基金，参股基金总规模约 170 亿元，已累计投资项目 560 个。天使投资引导基金投资 16 家基金，参股基金总规模约 18 亿元。

2. 激活创新主体，大幅提升了创新主体活跃度

一是创新人才队伍更加高端化、国际化、多样化。通过建立积极灵活的创新人才发展制度，让创新人才能够"来得了、待得住、用得好、流得动"，面向海内外集聚了包括中国的两院院士、诺贝尔奖获得者、美国科学院院士等在内的顶级科学家近 500 人（其中两院院士达到 173 人），人才高地和人才高峰逐步显现端倪。在海外人才引进方面，实施海外人才永久居留便利服务试点等举措，仅 2017 年就引进海外人才 110426 人，科技系统近 5 年引进的海外高层次人才达到 337 人，目前在沪就业创业的外国人达到 21.5 万人，占全国 23.7%，位居全国第一。截至 2017 年末，海外人才离岸创新创业基地先后签约服务海外优秀项目 90 余家、引入海内外各类专业团体 28 家、专业服务机构 22 家，全球服务网络日益完善，在此类平台的支持下，"海外高层次人才创办的民营高新科技企业在不断壮大"，培育出一大批行业翘楚，上海已然成为"外籍人才眼中最具吸引力的中国城市之一"。同时，上海市也加大本土人才的引进力度，近两年通过居转户、直接落户等方式新引进国内科创人才近 7.5 万人，人才引进梯度政策体系基本形成，科研人才双向流动通道基本打通。

二是创新主体集群更具系统性、活跃性、持续性。上海市率先以地方立法的形式明确界定成果转化净收入内涵、高校直接对外投资方式等重大问题，建立了科技成果转化勤勉尽职制度等容错机制，有效提升了各类创新主体的科技投入力度和科技创新能力。加大高校和科研院所科技成果使用权、处置权和收益权的下放力度，21 所高校、科研院所建立科技成果转化管理制度和流程，培育 100 多家专业化、模式多样化的科技中介服务机构，取得了一批优秀成果案例，其中复旦大学仅抗肿瘤药物 IDO 抑制剂专利技术就获 6500 万美元许可费用。通过完善以创新为导向的评价机制，提升国有企业创新能级，目前市属国有企业共下设 6 家中央研究院，45 个国家级和 192 个市级的实验室、工程中心和企业技术中心，并牵头成立 64 个产业技术创新联盟，拥有近 8.9 万名科研人员，占全市的 1/4，76% 的科研人员直接参加科技项目。加速产业培育民营企业，特别是针对生物医药产业，探索药品审评审批制度改革，上海市现产生了 3 家医疗健康领域的独角兽企业，占全国的近 40%。大力吸引境内外研发机构落户，目前在沪外资研发中心 432 家，位居全国首位，其中世界 500 强企业的全球研发中心约占 1/10，成为上海"嵌入全球创新网络的重要接口"。落实和探索高新技术企业认定政策，推动高新技术企业成为技术创新的主体，2017 年高新技术企业科技经费支出合计 1709.93 亿元，占主营业务收入的 7.49%。运用科技创新券等政策工具，已向 4000 余家企业发放金额超过 2.37 亿元，撬动了 3 倍规模以上的社会资金投入科技研发，有助于激发企业创新创业活力。据统计，2017 年，全社会研发经费支出占全市 GDP 的比例达到 3.8%，已超过了德国（2.84%）、美国（2.77%）、法国（2.25%）、英国（1.77%）等创新型国家。

3. 培育创新成果，大幅提升了创新成果的产量和质量

一是前沿科技成果集中度、显示度、引领度加速提升。张江综合性国家科学中心的重大基础设施、研究机构和创新单元建设取得突破性进展，转化医学设施、超强超短激光装置、软 X 射线自由电子激光装置、活细胞成像平台、上海光源线站工程等重大科技基础设施项目顺利开工，张江实验室、李政道研究所、脑与类脑研究中心等高水平研究机构加速集聚，硬 X 射线、硅光子、国际人类表型基因组领域的 3 个市级科技重大专项启动前瞻性研究，全基因组蛋白标签、灵长类全脑介观神经联接图谱等基础较好的领域探索开展国际科技合作。在基因组学、蛋白质、脑科学、再生医学、量子、纳米、金属催化、航空航天、电子信息、新能源等前沿领域取得了具有国际影响力的突破性进展，形成了 10 拍瓦激光放大输出、体细胞克隆猴、烷烃碳氢键不对称官能化新方法、冷原子研究、电催化分解水、构建全球首个自闭症非人灵长类模型等多项具有国际影响力的成果，为蛟龙、天宫、北斗、天眼、墨子和大飞机等重大创新成果的成功研制作出积极贡献。2016 年，上海市有 52 项牵头及合作完成的科技成果获国家科学技术奖，占全国获奖总数的 18%，占比之高创历年之最，连续 15 年获奖比例超过 10%。2016 年，上海科研人员在国际学术期刊 Science、Nature 和 Cell 上共发表论文 39 篇，占全国的 1/3；2017 年，在上述三大顶级学术期刊上共发表论文 62 篇，占全国的 24.1%。

二是产业技术创新协同性、实用性、先进性全面增强。建立上海微技术工业研究院、石墨烯平台、智能制造平台、集成电路研发中心、生物医药平台、类脑芯片平台等新型产业技术研发组织，加快形成了上海创新服务支撑条件和能力，带动了产学研合作和相关企业落地。高新技术企业现已成为知识产权创造的主体，其专利申请量、专利授权量、发明专利申请量、发明专利授权量及

PCT 国际专利申请量分别占本市总量的 46.43%、52.13%、52.17%、52.13%、34.19%。2017 年，上海市每万人口发明专利拥有量达 41.5 件，是 5 年前的 2.4 倍，科技成果推广应用率达到 88.2%，为产业转型升级奠定了雄厚的技术储备；战略性新兴产业制造业总产值突破 1 万亿元大关，占规模以上工业总产值比例达 30%，产业增加值同比增长 8.7%，增速是 3 年前的近 1 倍，新能源汽车、工业机器人、高端医疗装备等新兴产业产值增速超过 20%。在关键领域、"卡脖子"环节加大攻关突破力度，集成电路先进封装光刻机、刻蚀机等战略产品销往海外，高端医疗影像设备填补国内空白，28 纳米 CPU、22 纳米刻蚀机、ARJ-21 支线飞机、AMOLED 显示屏等一大批重大产业创新成果不断涌现并实现产业化。以生物医药产业为例，率先实施药品上市许可持有人制度，共有 32 个具有自主知识产权、尚未在国内外上市的"全球新"1 类新药品种提交试点注册申请，首个独立由中国人发明、中国医生研究、中国企业研发的抗癌药"呋喹替尼"诞生在上海，"加速国内医药企业从抗癌药物的仿制向创制转变"，"国家食品药品监督总局批准的 1 类新药每 3 个中有 1 个源自上海张江，张江新药注册成功率是全国平均水平 3 倍以上"。

二、特征研判

根据对上海市全面创新改革试验的系统评估，可以发现，上海市的改革思路和改革举措呈现出以下特点：

（1）形成科技创新与制度创新协同演进的全面创新改革格局。上海市牢牢把握全面创新改革试验的核心主旨，即"围绕率先实现创新驱动发展转型，以推动科技创新为核心，以破除体制机制障碍为主攻方向，加快向具有全球影响力的科技创新中心进军"，强调"始终坚持制度创新，牢牢把握可复制可推广的要求"，将科技创新和制度创新作为协同并举、相辅相成的两大改革任务：通过科技创新驱动制度创新，运用制度创新"松绑"科技创新，进而，基于科技创新的进步为制度创新提供突破口，并立足制度创新巩固科技创新的成果，最终，将二者有机结合，形成良性互动的循环，发挥创新驱动发展的"乘数效应"。上海市牢牢把握科技创新的规律及其发展趋势，针对以往"有研发无技术、有技术无试验、有试验无业态、有业态无产业"的断裂式、碎片化的格局，突出制度体系建设在全面创新改革试验中的先导作用，强调政策的协调性和推进的一致性，致力于打造科技创新和制度创新交互协同的创新链，形成链式连锁反应与联动。

（2）凝练国家战略与自身需求"无缝衔接"的改革试验目标框架。上海市已经确立了"具有全球影响力的科技创新中心"的目标，这是其自身发展过程中所产生的内在需求和必然选择。同时，国家依托上海市开展全面创新改革试验，贯彻落实党中央、国务院重大决策，推进全面深化改革，破解制约创新驱动发展瓶颈，加快推进具有全球影响力的科技创新中心建设。因此，"具有全球影响力的科技创新中心"是在全面创新改革试验的宏观战略框架指引下，上海市基于内在发展需求所自主确立的目标。上海市将国家宏观战略与自身发展需求进行有效融合、"无缝衔接"，形成系统化的长效改革路径，这对促进上海进一步解放思想、大胆探索实践、实现重点突破、发挥改革创新示范带动作用，具有重要意义。

（3）确立自主创新和开放创新相得益彰的立体化联动创新模式。由于上海市全面创新改革试验的目标定位于"具有全球影响力的科技创新中心"，因此，如何达到"全球影响力"便成了检验其创新效果的一个重要标准。为此，上海市确立了自主创新和开放创新并行的改革举措：一方面强调以我为主的"自主创新"，逐步提升基础研究投入的力度、增强知识产权保护的能力、便于创新融资的金融市场和能够提供支撑服务的创新服务体系；另一方面充分利用全球创新资源开展"开放创新"，逐步制定了能够吸引优秀创新人才的人才政策，加强对引进技术消化吸收再创新，充分发挥在沪跨国企业的溢出效应，并提升本土技术成果在外部的转化水平。

（4）突出分层试验和逐级推广有机结合的系统性政策创新路径。上海市全面创新改革试验中，"试验"的性质得到了较好的凸显，尤其是发挥张江综合性国家科学中心的试点示范作用。强调重点突破，立足国家战略，集中各类创新资源，全力以赴推进张江综合性国家科学中心建设，并促进改革试点率先在张江取得突破。同时，逐步确立了"小张江"—"大张江"—"泛张江"多层级联动的系统性政策创新机制，每一层级的改革举措都逐步整理、凝练，并推衍到更高层级、更大范围中予以复制、推广，进而，基于其成效逐级反馈、调整和修正，从而实现"小步快跑"的改革路径。

第四节　上海市全面创新改革试验的问题与对策

一、问题识别

一是政府在创新改革中的作用力略显过度，枢纽功能强而平台功能弱，各类创新主体容易产生"政策依赖症"。上海市全面创新改革试验中的政府角色和"工作导向"突出，改革举措往往是相关部门立足自身工作出发而提出并集成，而对于"具有全球影响力的科技创新中心"这一顶层目标的回应力度相对较为淡化。对于高端化、国际化创新主体和人才的政策倾斜力度较大，而在一般性创新主体和人才所需的普惠性环境培育上着力较小，在发展空间和机遇上对后者形成一定的"挤出"效应，从而导致上海在社会创新和草根创业方面的氛围相对落后于深圳等地。在国家科学中心、功能型研发转化平台等工作方面，"建设"的力度明显大于"改革"，更加强调在相关领域的"第一"，主要是由于建设任务的进展更快、显示度更强，具有较为显著的政绩导向。新型研发组织等中介平台的资金来源主要依赖于财政投入，并较多地"以科研项目形式下达"，资金使用规定"与平台建设与运行的特殊性之间存在着较大的矛盾"，而且部分平台"受事业单位、国有资产管理等方面的限制"，市场化运营机制与核心服务能力亟待提升。

二是创新对经济发展的支撑力略显不足，创新主体往往独立"自体供血"，贯穿整个创新链的"体循环"尚未成型。上海市高等院校和科研院所的前沿性科研活动以及科研成果所产生的"溢出"效应不足，创新成果转化率不高，对于创新链中后端的辐射带动作用尚且十分有限。从高水平技术专利来看，2017年，上海 PCT 国际专利申请量仅为 2100 件，然而，全国的申请量达到 48882 件，上海仅占 4.3%，与其科创中心地位不相称。对于创新链中后端的企业而言，国有企业资产规模占比过高，央企和市属国企的总体规模占比达到50%。此外，外资企业也是"四分天下有其一"，这几类企业大多"设立了专门的研发中心"，形成了"自循环"体系，对于科研机构的依赖度较为有限。相对而言，上海市民营企业的创新资源较少、创新活力较弱、创新能力远逊于国企，发育程度也低于北京、深圳等地，特别是小微企业往往"在技术创新方面多倾向于投入少产出快的改进或采纳型创新"。"各类创新主体间需求的深度对接"有待进一步完善，"在对企业跨领域创新等创新的新模式、新业态方面的制度规定上，上海的限制条件仍相对严格"，持续性的创新集聚效应与良性循环的创新机制有待进一步完善。

三是改革对长三角区域的引领度略显不足，点上突破未能"牵一发而动全身"，科创中心"神经中枢"作用有待强化。上海市在创新改革中因循"分层试点＋逐级推广"的路径，将改革的经验从"小张江"逐步放大"大张江"，改革的步伐较为稳健，呈现出"精致主义"特征，但是"大部分改革措施局限在张江，面上协同推进的局面尚未形成"，极有可能导致"政策洼地"效应。相比于京津冀地区而言，上海市周边的江苏、浙江等省份尚未承担区域性创新改革任务，因此，上海市的全面创新改革试验难以在长三角的广域空间内形成任务分工和利益分享机制，以张江综合性国家科学中心建设为例，特别是重大科技基础设施建设和运行方面，上海市未能充分吸纳和集聚长三角的创新主体及创新资源，"城市之间重复投资现象较为突出"，行政区域的藩篱尚有待进一步破除，导致创新要素"市场分割和碎片化问题的体制机制障碍"仍然存在。如何将改革经验和创新成果进一步推广辐射到长三角全域，诸如通过"建立柔性的人才流动机制"实现国际化高端创新人才在长三角范围内自由流动和配置，"构建合理的税收转移机制和同城共享创新收益机制"实现成果跨行政区转移转化，将区域要素市场一体化和创新空间一体化相衔接，发挥集成叠加效应，形成长三角甚至是泛长三角区域的改革联动、创新联动、发展联动的格局，是上海市科技创新中心建设中必须面对的问题。

二、对策建议

上海市应当加快推进全面创新改革试验各项改革举措落地，进一步形成更多可复制、可推广的创新改革试验成果。进一步聚焦体制机制改革，解放思想、敢为人先，勇于探索，着力破解牵一发而动全身的体制机制障碍，提高科研成果转化为现实生产力的能力和水平；进一步面向世界科技前沿、面向国家重大需求、面向经济社会主战场，多途径争取国家支持，加快重大科技基础设施、重大科技任务攻关等创新资源和创新活动的集中布局，着力破解创新发展的科技难题；进一步聚焦创新人才的切身需求，以人为本，尊重创造，强化激励，着力激发人才创新的内生动力。

（1）积极培育一批具有国际影响力的创新主体和载体，提升上海科创中心的国际化水平。上海市创新资源高度集聚，创新活动十分活跃，应当紧抓国际科技资源、提升现有平台服务能力、引领开放创新发展，打造一批具有国际影响力的创新型领军企业、一批具有国际影响力的品牌型产品、一批具有国际影响力的高水平研究机构、一批具有国际影响力的原创性科研成果，形成国际科技创新集聚区的重要载体，汇集连通更多国际创新资源，营造良好的创新氛围，促进各方务实合作。通过加强国际的创新合作集聚全球的高端资源，使上海成为全球科技创新的引领者、全球创新网络的重要枢纽，推动中国与世界的国际创新资源对接、合作。

（2）理顺科技成果转化的通道，提升原始创新对经济社会发展的引领作用。上海市亟须加快制定科技成果转移转化操作细则，打通科技成果转化的"最后一公里"。牢牢把握科技创新的规律及其发展趋势，针对以往"有研发无技术、有技术无试验、有试验无业态、有业态无产业"的断裂式、碎片化的格局，致力于打造交互协同的创新链，使科技创新形成链式连锁反应与互动。探索高校在科技成果转移转化时以事业单位法人身份直接设立或入股企业；加快实施促进科技成果转移转化的相关工作指引；加快出台针对国有企业技术类无形资产特点的相关管理办法，对协议定价机制等进行明确，解除国有无形资产转移转化束缚。

（3）发挥科创中心的引领作用，形成长三角共建、共有、共治、共享、共赢的创新治理格局。聚焦"领先地位下降，影响战略资源集聚；生活成本过高，阻碍转向创新驱动"等困局，上海市建设具有国际影响力的科创中心，必须要跳出"螺蛳壳"思维模式和习惯，在继续向海外借力的同时，着力向长三角的广域空间借力，充分借助于其广阔的经济腹地、无所不在的创新网络，以及其丰富的制造力和实用型人才，组建科研成果转化服务联盟、城市群产业园区联盟以及制造业企业联盟，从而，做大做实长三角的创新生态圈，以此形成能和国际著名的城市群相媲美的、以制造业为核心，服务业、农业高度发达的上海城市群，并在各大城市毗邻区域形成长三角区域产业集聚圈。

（4）深入开展人才政策试点，营造人才良好发展环境。在出入境证件办理便捷性、缩短审批时间、创业团队外籍成员入境便利化方面进一步扩大试点。继续推进政府主导的公共租赁住房和共有产权住房建设，加大对草根型创新创业人才的倾斜力度，满足低成本居住需求；支持用人单位通过贷款贴息、房租补贴等形式实施人才住房资助计划；对高端人才和紧缺人才，返还部分个人所得税；加强科研经费管理的同时，研究新的激励措施，提高科研人员常规收入。同时，尝试将企业家、投资家、创新服务领军人才等创新人才纳入各类人才计划，构建以鼓励创新为目标的人才评价机制，采取市场化方式举荐和评价人才，提高企业在标准制定和人才评价中的作用，承认科研人员的创造性工作，健全人才激励机制。

（5）推动科技与金融紧密结合，增强多层次资本市场对创新的支持。充分发挥上海股权托管交易中心科技创新板的作用，支持更多科技创新企业挂牌融资。加强政府引导，进一步发挥市场在配置创新资源中的关键作用，引导社会资本投向初创期企业。加强企业与各类产业发展基金的对接，充分发挥多层次资本市场的支持作用。在解决研发企业融资问题的同时，解决市场开拓问题，形成利益共享的生态圈，以企业为主导，注重企业自身"造血"机能培育。结合上海国企、国有研发机构比重大的特点，发挥传统间接融资模式的新功能，与天使投资、投资银行等直接融资模式互为补充，为金融支持科技创新开辟新路径。

（6）加强政策创新与落实，营造大众创业、万众创新的良好环境。建立创新容错机制，组织、纪检等部门应当及时对党政领导干部股权激励、"勤勉尽责"的细化规定进行明确，打消创新主体后顾之忧。继续营造"鼓励创新、宽容失败"的社会氛围，鼓励高校和科研院所开展"沉默式"研究，大力弘扬企业家精神，不断完善政策环境和服务体系，全面激发各类市场主体的创新创业热情，全面营造"大众创业、万众创新"的良好环境。

主要参考文献

［1］（美）莱斯特．萨拉蒙．非营利部门的崛起［J］．谭静 译．马克思主义与
现实．2002（3）：57-63.

［2］2017 上海科技创新中心指数报告［R］．上海，2017.

［3］2017 中国独角兽企业发展报告［R］．2018.

［4］BERRY，F．S．，& Berry，W．D．State lottery adoptions as policy innovations:
An event history analysis［J］．American Political Science Review，1990，84（2）：
395-415.

［5］CHUNG，J．H．China's local governance in perspective: Instruments of central
government control［J］．The China Journal，2016，75（1）：38-60.

［6］MINTROM，M．Policy entrepreneurs and the diffusion of innovation［J］．
American Journal of Political Science，1997，738-770.

［7］MONTINOLA，G．，QIAN，Y．，& WEINGAST，B．R．Federalism，Chinese
style: the political basis for economic success in China［J］．World Politics，
1995，48（1）：50-81.

［8］NAUGHTON，B．China's macroeconomy in transition［J］．The China
Quarterly，1995，（144）：1083-1104.

［9］NAUGHTON，B．The current wave of state enterprise reform in China: A
preliminary appraisal［J］．Asian Economic Policy Review，2017，12（2）：
282-298.

［10］NORTH，D．C．A transaction cost theory of politics［J］．Journal of

Theoretical Politics, 1990, 2（4）: 355-367.

［11］WALKER, J. L. The diffusion of innovations among the American states. American Political Science Review, 1969, 63（3）: 880-899.

［12］曹萌，王冲，付秋雁等. 新时代下药品监管模式的探讨与实践［J］. 上海医药，2018（3）: 5-13.

［13］柴瑞娟. 民营银行：发展障碍及其法律对策——以民营银行开闸为时代背景［J］. 法学评论，2014（3）: 154-160.

［14］陈鸿桥. 外资创业投资特征及其对我国创业企业的启示［J］. 现代财经，2011（12）: 85-92.

［15］陈琼珂. 人才引进从体制内转向市场化评价［N］. 解放日报，2015-10-31（2）.

［16］陈莹莹，郭树清：民营银行不能变成"提款机"［N］. 中国证券报，2017-03-13（A01）.

［17］程子彦. 张江"离岸创新"模式成海归创业福音［J］. 中国经济周刊，2016（3）: 52-53.

［18］樊立宏，李强，张文霞等. 科技类民办非企业的发展状况及政策建议［N］. 科技日报，2014-02-10（1）.

［19］范拓源，聂晨曦. 全球研发网络与海外离岸创新中心建设模式研究［J］. 科技管理研究，2018（14）: 25-29.

［20］冯虎. 上海全面创新改革试验　成效初显活力倍增［EB/OL］. 中国经济网，［2018-07-21］. http://www.ce.cn/xwzx/gnsz/gdxw/201807/21/t20180721_29815384.shtml.

［21］高鹏飞. 完善区域性股权市场建设　更好服务新旧动能转换［N］. 金融时报，2018-07-12（7）.

［22］郭炎兴. 打造全周期"科技金融链"——访上海银监局副局长蔡莹［J］. 中国金融家，2018（4）: 67-68.

［23］郭勇. 有关离岸创新创业基地若干问题的思考［J］. 江南论坛，2017（2）: 10-11.

［24］韩博天，石磊. 中国经济腾飞中的分级制政策试验［J］. 开放时代，2008（5）：31-51.

［25］何宁，薛小飞. 中国民营银行发展现状、问题及转型路径分析［J］. 经济师，2018（7）：144-147.

［26］何潇，王妍妍，宋波. 上海功能型研发转化平台建设现状［J］. 现代商贸工业，2018（10）：22-24.

［27］洪银兴. 在同城化基础上推进长三角区域一体化［J］. 上海经济，2018（3）：122-124.

［28］姜泓冰. 上海加速融入国际专利体系［N］. 人民日报，2018-04-18（10）.

［29］金国坤. 论政府对社会组织管理的机制创新——"民办非企业单位"引发的行政法思考［J］. 法学论坛，2010（6）：10-17.

［30］李平，陈晓彤. 我国海外人才引进使用方式创新研究［J］. 山东社会科学，2018（6）：139-173.

［31］李锐. 上海股交中心"科技创新板"获批［N］. 上海证券报，2015-11-23（4）.

［32］李思. 券商创新业务破解中小企业融资难［N］. 上海金融报，2018-06-26（T04）.

［33］李希义. 外资创业投资对我国经济发展的作用——港湾网络发展历程的案例启示［J］. 经济管理，2009（3）：7-13.

［34］李治国. 生物医药产业集聚长三角［N］. 经济日报，2018-07-20（10）.

［35］林新. 发展多类型非营利性科研机构［N］. 学习时报，2016-01-21（7）.

［36］凌涛. 民营银行发展之路［J］. 中国金融，2015（18）：47-49.

［37］刘东，李璇. 张江国家科学中心：老牌高新区承载新使命［N］. 2016-07-29（7）.

［38］刘守英. 中国农地制度的合约结构与产权残缺［J］. 中国农村经济，1993（2）：31-36.

［39］卢福财，张荣鑫. 民营银行的现实问题剖析及发展路径——基于顶层设计下的渐进式视角［J］. 2014（1）：1-9.

［40］罗娟. 上海建设科技创新中心的创新创业人才政策落实跟踪研究［J］. 科学发展，2017（3）：11-18.

［41］罗军. 民办非企业单位发展困境的核心问题及其应对［J］. 社会建设，2015（3）：20-25.

［42］孟庆江. 证券业在金融科技创新大潮下的转型路径［N］. 上海证券报，2017-04-05（6）.

［43］任涛，孙怀阳，刘景林. 四川省扩大企业自主权试点的成效［J］. 中国社会科学，1980（1）：203-212.

［44］上海年鉴（2017）［R/OL］.（2017-12-29）. http://www.shanghai.gov.cn/nw2/nw2314/nw24651/nw43437/nw43463/u21aw1311724.html

［45］上海市人民政府发展研究中心改革形势分析课题组. 2017年上海改革形势分析报告［J］. 科学发展，2018（2）：5-16.

［46］上海市人民政府发展研究中心课题组. 上海加快建设共性技术研发服务体系研究［J］. 科学发展，2012（12）：3-13.

［47］上海市人民政府发展研究中心课题组. 上海自贸试验区与科技创新中心两大战略联动研究［J］. 科学发展，2018（5）：5-13.

［48］上海银监局，上海市科委. 2017上海科技金融发展报告［R］. 2018-4.

［49］申峥峥，张玉娟，于怡鑫. 上海科技人才政策文本分析［J］. 情报工程，2018（1）：89-100.

［50］孙华，唐玮婕. 上海"科创板"首尝注册制［N］. 文汇报，2015-12-29（5）.

［51］唐玮婕."离岸模式"吸引海外人才回国"双创"［EB/OL］.［2017-09-20］. http://wenhui.news365.com.cn/html/2017-09/20/content_595385.html.

［52］汪怿. 离岸创新创业靠什么"招商引智"［N］. 解放日报，2016-10-11（10）.

［53］汪怿. 上海吸引全球创新创业人才的问题与对策［J］. 科学发展，2018（4）：5-14.

［54］王晨光. 药品上市许可持有人制度——我国药品注册制度改革的突破口［J］. 中国食品药品监管，2016（5）：21-24.

［55］王道军. 张江筹建科投银行：借鉴硅谷银行模式［J］. 浦东开发，2015（7）：18-19.

［56］王芳，廉薇，黄涓. 上海自贸区如何试点民营银行［N］. 21世纪经济报道，2013-10-21（23）.

［57］王杏平. 外资私募股权投资基金在我国的发展［J］. 债券，2015（8）：47-50.

［58］王阳. 为海外人才"双创"提供更加便利空间［N］. 上海科技报，2016-08-31（1）.

［59］王振. 长三角一体化发展新趋势［J］. 上海经济，2018（3）：124-126.

［60］吴和雨. 加快推进上海科创中心建设的路径探索——基于企业创新模式视角［J］. 统计科学与实践，2017（12）：8-12.

［61］吴艺璇. 12名外籍高层次人才 获得永久居留身份证［N］. 新闻晨报，2018-07-04（A08）.

［62］谢卫群. 浦东新区营造全球一流宜业宜居环境 开放之门越开越大 国际人才越聚越多［N］. 人民日报，2018-04-17（1）.

［63］徐瑞哲. 上海产业技术研究院成立［N］. 解放日报，2016-08-23（1）.

［64］徐欣. 江苏省科技类民办非企业单位发展及思考［J］. 江苏科技信息，2014（23）：118-120.

［65］薛军. 上海企业研发费用加计扣除政策评估［J］. 科学发展，2015（10）：83-92.

［66］杨群. 科创成果转化将获针对性信贷［N］. 解放日报，2015-08-25（2）.

［67］杨珍莹. 张江全力构建海外人才生态最优园区［N］. 浦东时报，2018-07-12（3）.

［68］姚东. 定位"创业者的银行"中关村银行开业［N］. 中国高新技术产业导报，2017-07-24（1）.

［69］叶薇，裘颖琼. 战略新兴产业总产值突破万亿［N］. 新民晚报，2018-

07–14（3）.

［70］于光远. 谈谈对深圳经济特区几个问题的认识［J］. 经济研究, 1983（2）：
28–34.

［71］张骏."组合拳"：为科创中心建设提供人才支撑［N］. 解放日报,
2015–07–06（3）.

［72］张敏. 全力打造快速集聚海外人才新模式［J］. 浦东发展, 2017（1）：
24–25.

［73］张鹏. 券商直投业务谋转型 模式渐趋多元化［N］. 中国高新技术产业
导报, 2015–09–28（10）.

［74］张仁开, 周小玲, 任奔. 上海功能型研发转化平台建设模式研究［J］.
科学发展, 2018（7）：5–15.

［75］张仁开. 全球科技创新中心建设背景下上海创新功能型平台发展研
究［J］. 科学发展, 2016（8）：23–29.

［76］张仁开. 上海培育全球科技创新中心核心功能的对策研究［J］. 安徽科
技, 2018（6）：18–23.

［77］张树义. 张江综合性国家科学中心服务上海科创中心建设路径［J］. 科
学发展, 2018（3）：5–13.

［78］张亚楠. 上海市股权众筹的发展模式研究［D］. 上海师范大学硕士学位
论文, 2017.

［79］张懿. 张江银行将服务创新全链条［N］. 文汇报, 2016–07–13（3）.

［80］张韵, 徐杰. 上海自贸区靠什么吸引海外人才？"离岸基地"告诉你全
部 的 答 案［EB/OL］. 每日经济新闻,［2017–09–29］. http://www.nbd.
com.cn/articles/2017–09–29/1151697.html.

［81］张长安, 都晓春. 我国药品上市许可持有人制度发展研究［J］. 中国卫
生产业, 2018（7）：195–196.

［82］赵立波. 民办非企业单位：现状、问题及发展［J］. 中国行政管理,
2008（9）：101–105.

［83］赵衍. 上海自贸区设立民营银行的探索及其法律跟进［J］. 2014（7上）：

100-103.

［84］郑培源．券商直投面临最严整改 "保荐＋直投"模式或终结［N］．上海证券报，2017-01-13（4）．

［85］郑莹莹．上海加速孵化社会组织 为科创中心建设"添力"［EB/OL］．中国新闻网，［2017-09-12］．http://www.chinanews.com/cj/2017/09-12/8328944.shtml.

［86］中共上海市委组织部人才工作处．科技创新中心建设与创新人才集聚［J］．党政论坛，2016（6）：25-28.

［87］中国行政管理学会课题组．科技企业融资的难点和对策［J］．中国行政管理，2016（7）：15-17.

［88］朱光磊，于丹．建设服务型政府是转变政府职能的新阶段——对中国政府转变职能过程的回顾与展望［J］．政治学研究，2008（6）：67-72.

［89］朱韬．"三驾马车"引领差异化发展战略 积极探索民营银行发展新模式［J］．金融电子化，2017（1）：54-55.

［90］注册资本一半来自园区科企［N］．上海科技报，2015-08-28（1）．

［91］祝侣，王雪莹，常静，王敏杰．上海高新技术企业政策监测与评价［J］．科技管理研究，2017（7）：50-55.

［92］邹东涛，张晓文．30家现代企业制度试点企业的调查与分析［J］．管理世界，1999（1）：154-161.

［93］左妍．张江药谷新"代表作"中国"原创"抗癌药将上市［N］．新民晚报，2018-07-10（8）．